世界五千年
科技故事丛书
卢嘉锡 题

## 《世界五千年科技故事丛书》
## 编审委员会

丛书顾问　钱临照　卢嘉锡　席泽宗　路甬祥
主　　编　管成学　赵骥民
副 主 编　何绍庚　汪广仁　许国良　刘保垣
编　　委　王渝生　卢家明　李彦君　李方正　杨效雷

世界五千年科技故事丛书

# 华夏神医
## 扁鹊的故事

丛书主编　管成学　赵骥民

编著　朱定华

吉林出版集团｜吉林科学技术出版社

## 图书在版编目（CIP）数据

华夏神医：扁鹊的故事 / 管成学，赵骥民主编．
--长春：吉林科学技术出版社，2012.10（2022.1重印）
ISBN 978-7-5384-6131-2

Ⅰ.①华… Ⅱ.①管… ②赵… Ⅲ.①扁鹊（前401～前310）
—生平事迹—通俗读物 Ⅳ.①K826.2-49

中国版本图书馆CIP数据核字（2012）第156281号

## 华夏神医：扁鹊的故事

| 主　　编 | 管成学　赵骥民 |
|---|---|
| 出 版 人 | 宛　霞 |
| 选题策划 | 张瑛琳 |
| 责任编辑 | 张胜利 |
| 封面设计 | 新华智品 |
| 制　　版 | 长春美印图文设计有限公司 |
| 开　　本 | 640mm×960mm　1 / 16 |
| 字　　数 | 100千字 |
| 印　　张 | 7.5 |
| 版　　次 | 2012年10月第1版 |
| 印　　次 | 2022年1月第4次印刷 |
| 出　　版 | 吉林出版集团<br>吉林科学技术出版社 |
| 发　　行 | 吉林科学技术出版社 |
| 地　　址 | 长春市净月区福祉大路5788号 |
| 邮　　编 | 130118 |
| 发行部电话 / 传真 | 0431-81629529　81629530　81629531<br>81629532　81629533　81629534 |
| 储运部电话 | 0431-86059116 |
| 编辑部电话 | 0431-81629518 |
| 网　　址 | www.jlstp.net |
| 印　　刷 | 北京一鑫印务有限责任公司 |
| 书　　号 | ISBN 978-7-5384-6131-2 |
| 定　　价 | 33.00元 |

如有印装质量问题可寄出版社调换
版权所有　翻印必究　举报电话：0431-81629508

# 序 言

十一届全国人大副委员长、中国科学院前院长、两院院士

放眼21世纪,科学技术将以无法想象的速度迅猛发展,知识经济将全面崛起,国际竞争与合作将出现前所未有的激烈和广泛局面。在严峻的挑战面前,中华民族靠什么屹立于世界民族之林?靠人才,靠德、智、体、能、美全面发展的一代新人。今天的中小学生届时将要肩负起民族强盛的历史使命。为此,我们的知识界、出版界都应责无旁贷地多为他们提供丰富的精神养料。现在,一套大型的向广大青少年传播世界科学技术史知识的科普读物《世

# 序 言

界五千年科技故事丛书》出版面世了。

由中国科学院自然科学研究所、清华大学科技史暨古文献研究所、中国中医研究院医史文献研究所和温州师范学院、吉林省科普作家协会的同志们共同撰写的这套丛书，以世界五千年科学技术史为经，以各时代杰出的科技精英的科技创新活动作纬，勾画了世界科技发展的生动图景。作者着力于科学性与可读性相结合，思想性与趣味性相结合，历史性与时代性相结合，通过故事来讲述科学发现的真实历史条件和科学工作的艰苦性。本书中介绍了科学家们独立思考、敢于怀疑、勇于创新、百折不挠、求真务实的科学精神和他们在工作生活中宝贵的协作、友爱、宽容的人文精神。使青少年读者从科学家的故事中感受科学大师们的智慧、科学的思维方法和实验方法，受到有益的思想启迪。从有关人类重大科技活动的故事中，引起对人类社会发展重大问题的密切关注，全面地理解科学，树立正确的科学观，在知识经济时代理智地对待科学、对待社会、对待人生。阅读这套丛书是对课本的很好补充，是进行素质教育的理想读物。

读史使人明智。在历史的长河中，中华民族曾经创造了灿烂的科技文明，明代以前我国的科技一直处于世界领

## 序　言

先地位，涌现出张衡、张仲景、祖冲之、僧一行、沈括、郭守敬、李时珍、徐光启、宋应星这样一批具有世界影响的科学家，而在近现代，中国具有世界级影响的科学家并不多，与我们这个有着13亿人口的泱泱大国并不相称，与世界先进科技水平相比较，在总体上我国的科技水平还存在着较大差距。当今世界各国都把科学技术视为推动社会发展的巨大动力，把培养科技创新人才当做提高创新能力的战略方针。我国也不失时机地确立了科技兴国战略，确立了全面实施素质教育，提高全民素质，培养适应21世纪需要的创新人才的战略决策。党的十六大又提出要形成全民学习、终身学习的学习型社会，形成比较完善的科技和文化创新体系。要全面建设小康社会，加快推进社会主义现代化建设，我们需要一代具有创新精神的人才，需要更多更伟大的科学家和工程技术人才。我真诚地希望这套丛书能激发青少年爱祖国、爱科学的热情，树立起献身科技事业的信念，努力拼搏，勇攀高峰，争当新世纪的优秀科技创新人才。

# 目　录

战国时期的华夏神医扁鹊——秦越人的故事/011

长桑君一朝传艺　秦越人毕生为医/013

通各解随俗为变　善切脉赵鞅病愈/021

传医技弟子艺精　信巫术患儿夭折/035

精望诊预知病后　讳忌医齐王丧命/044

虢太子病因尸厥　秦越人妙手回春/053

兼外科剖胸换心　诉公堂扁鹊辨因/064

治未病防微杜渐　"六不治"行医准则/076

入秦国专为儿医　遇妒忌暗遭身刺/086

身虽逝医名远扬　载史册启迪后人/107

# 战国时期的华夏神医扁鹊——秦越人的故事

公元前475—前227年,中国正处在烽火连天的战国时期。那时,我国境内分成许多大大小小的国家,各国之间为了扩充势力争夺地盘,经常穷兵黩武,蚕食鲸吞。广大劳苦百姓虽摆脱了农奴制度的压迫,但连年的战火,繁重的劳作,以及统治阶层的横征暴敛,使百姓生活贫病交加,苦不堪言。这时，有一位民间医生正周游行医于列国，足迹遍及现在的河北、河南、山东和山西等地。他走到哪里，就为哪里的人民诊疾治病，而且医术高超，医技精湛，使不少百姓摆脱了疾痛折磨的苦难，不仅成为当时驰名华夏的良医，也深受当地人民的欢迎与爱戴。于是人们便把远古时代所尊崇供奉的神医偶像——"扁鹊"称号送给了他，以致后来逐渐忘掉了他的真名实姓。所以，现在只要一提起历史上的扁鹊，其实指的就是秦越人的事迹。

# 长桑君一朝传艺
# 秦越人毕生为医

　　大约在公元前406年，在广袤无垠的华北平原上，有一处叫鄚州的地方（现今河北省任丘县北），出生了一个男孩，他就是秦越人。刚出世的秦越人与其他孩子没什么特别，只是发际长得较高，显得面圆额方、眉清目秀。左邻右舍听说老秦家喜得贵子，就纷纷前来道喜，"秦大哥，恭喜呀！中年得子，实在不易啊！"父亲向来人一边还礼答谢应酬着，一边又忙着照顾母亲去了。众邻居则对着秦越人这位抱着，那位亲着，左传右递，爱不释手，仿佛怀里抱着的不是孩子，倒像是一件艺术品。尽管众邻居七嘴八舌、吵吵嚷嚷地议论着，但秦越人那稚嫩红扑的小脸依然安详自如，不动声色。一位白发老奶奶说："这孩子长得虎头虎脑，很有灵气，将来一定聪明伶俐。""要我说，这孩子不仅聪明，将来做事也一定很稳重。你们瞧，我们这么多人抱他，他却一声不吭，仍在呼呼睡大觉。"五大爷刚把话说完，众人便不由得哈哈大笑起来。

　　邻居们的议论与夸奖，引起父亲的内心思忖，既然邻居们都说这孩子聪明，我何不多辛苦点，把孩子培养成为对社会有用的人呢！他把这个想法告诉了母亲，母亲微笑着点了点头。

　　转眼7年过去了。父亲含辛茹苦地耕作，拿着数年来的微薄积蓄，送秦越人进了村里的一间私塾念书。秦越人果然没有辜负父母与邻居们的期望，不仅学习成绩优异，而且尤其懂得敬重师长，乐于帮助贫苦人家的孩子，故常得到老师和父亲的赞许。

就这样，秦越人在家乡度过了自己的童年，成长为风度翩翩的青年了。

郑州这个地方，地处河北省的中部，每日南贩北贾、文人居士路经此地，歇脚住宿的不计其数。长大成人的秦越人这时已在家乡附近的一家旅舍当上了管理人，凭着秦越人温文尔雅、文质彬彬的斯文气质，以及事必躬亲、以礼相待的服务态度，使小小旅舍每天都高朋满座，宾客盈门。秦越人就这样每日迎送南来北往的客人，并从他们的谈吐中，了解到其他地方的人文景观、趣闻逸事，增加了学识，开阔了眼界。

一天，旅舍来了一位老人，只见这位老人头戴深蓝色方巾，身着青布长衫，斜背简易行囊，一肘挽着个金黄色的大葫芦，一手拿一把漆布旧雨伞，风尘仆仆，步履轻盈地走进门来。这位老人年虽七十有余，但精神矍铄，鹤发童颜，炯炯有神的双眼上方，两道齐刷刷的白色剑眉与鬓发相连，看上去有点仙风道骨。秦越人见状，心中不免为之一怔，忙迎上前去，抱拳作揖施礼，恭敬地问道："先生，您住宿吗？"老人用挽着葫芦的手，捋了捋须发连成一片的灰白胡须，和颜悦色地望着秦越人，微微点了点头。于是秦越人便接过老人手中的行囊，亲自为他整理了房舍，安顿了睡榻，带老人进屋歇息。这位老人正是常年浪迹江湖，为劳苦百姓行医治病的民间医生长桑君。

自从长桑君来到旅舍后，秦越人只觉得他每日昼出夜归，十分忙碌，也不知道他整天在做些什么。但是一到夜晚，总有一批批附近乡民来旅舍找他求诊问病，而长桑君对来人也是有求必应，在接待乡民时，不仅态度和蔼可亲，而且还耐心仔细地询问病情，为他们切脉诊治。又见长桑君时不时地从葫芦里倒出些药来交给病人，而不见他收取病人分文。秦越人这时才知道长桑君原来是位医生，而且与社会上一些只知道收钱，不好好给人治病，甚至贩卖假药的庸医不一样。因此从心里十分地敬佩他，在生活上尽力帮助照顾他的同时，也抽空向长桑君学了点医术。春去冬来，光阴似箭，10年过去了。

长桑君在与秦越人经过10年的接触与交往中，觉得这位年轻人不仅知书达理，做事稳重，而且还待人谦和，不辞辛劳，更可贵的是秦越人还具有一颗同情劳苦大众身患病痛的善良之心。终于在某一天的一个夜晚，长桑君把秦越人叫到自己的房舍，庄重而又和蔼地问道："我来这个旅舍，已过了多少个寒暑？""整整10个春秋了。"秦越人恭敬地回答着。"是啊！10年了。"长桑君闭目沉思了一会儿，捋了捋胡须继续说道："10年来你对我的照顾和帮助，我非常感激。我也知道你是一位胸怀大志的年轻人，据我观察，你平时也在收集一些药方，学习一点医术，能不能告诉我，你所做的这一切都是为了什么？"秦越人满脸通红，不好意思地回答："先生，我也想学医，和您一样，将来能为人治病，以解除贫苦百姓的疾苦。"

"可是旅舍的管理职位，使你生活上既安定，又没有外出行医时的劳顿辛苦，更用不着背井离乡、抛家舍子，你舍得辞去现在的这份职务吗？"长桑君进一步问。

"先生，我没有考虑那么多。我只是想，在这茫茫人海之中，有多少人正在遭受着疾病的折磨。旅舍的工作和生活虽安定，但我却难以去拯救天下的病人。我愿意随您学医，与您一样，走遍天下，为百姓消病除疾。"

长桑君听后，心里不禁一阵暗喜，心想：数十年来，我风餐露宿，行医济世，走遍了大江南北、三山五岳，一直想寻找一位能有志继承我事业的有心人，看来今天总算是找到了。于是便语重心长地对秦越人说:"我已经是风烛残年的人了。50多年的行医生涯,不仅继承了我老师传授给我的医术,也在各地收集了不少民间的秘传验方,经过我临床治疗验证,它往往能使千奇百怪、变化莫测的疑难疾病转危为安。从今天起,你就在我身边学医吧,希望通过你的刻苦与努力,能从我这里学到治病救人的真本领。"

秦越人听得此言,激动得有点儿不知所措,急忙双手抱拳,跪拜在地,恭恭敬敬地向长桑君拜了三拜,说:"弟子牢记师傅教诲,从今以后愿随师傅刻苦钻研医学,继承医术,并发扬光大,为民造福。"长桑君则端坐于上,用深情的目光注视着秦越人,微笑着接受了弟子的拜师礼。

从此以后,秦越人白天操持着旅舍的繁忙事务,晚上就师从长桑君研习医学。

几年后,医术日益提高,很快成长为一位具有真才实学,临床经验丰富的民间医生。不久便辞去了旅舍的职务,踏上了周游列国,为民解除病痛的医者之路。

# 通各解随俗为变
# 善切脉赵鞅病愈

秦越人自从告别了家乡，一路南下行医，来到了赵国（现在的河北省邯郸市附近）。一走进城门，就感觉到这个国家的都城街道整齐，商业繁荣。只见大街两侧的店铺上方，垂挂着琳琅满目、形色各异的招商牌匾，此起彼伏的小贩吆喝声，以及熙熙攘攘、比肩接踵的人群，构成了一幅市井繁华的生活图卷。

尽管赵国都城的街市是那样的热闹非凡，但秦越人还是看到迎面走来的一批批贫穷人家的妇女，无论是年老的，还是年轻的，大多面色萎黄，一脸病容的样子，心里很是纳闷，这是怎么回事呢？他决心要问个明白。于是便走进一家食饮店，买了一碗汤、两碟小菜，边吃着随身带来的干馍，边与店里的一位约20岁的跑堂伙计聊了起来。

"小店生意如何？"秦越人问道。

"噢，近些年多亏没有战事，生意还算可以，每天能挣几百文。"伙计回答说。

"我一路行来，看到路边庄稼长势甚好，想必今年定是丰收之年。"

"先生说得不错，今年将是第三个丰收年了。"伙计面带笑容继续侃侃而谈："前两年因为粮食丰收，又没打仗，百姓们尚能安居乐业，所以我们这里的平常人家，大多数不让女人下地干活。"

秦越人听后虽觉奇怪，但仍假装一无所知地进一步探问道："那是为什么呢？"

"唉！"伙计长叹了一声。"前些年魏国派兵围打我们，男人都上了战场，妇女们则留在家里织布耕作，支援前方将士。由于她们缺衣少吃，饥寒并袭，得了病也不能及时去治疗，如今大多都落下了病根……现在生活安定了，怎么还忍心让她们再下地干活，再去遭受风寒暑湿侵袭之苦呢！"

这时，店里又进来几位食客，伙计瞅了瞅，忙将擦桌子用的白布毛巾往肩上一搭，对秦越人说："先生请慢用餐，我去去就来。"说着就手脚麻利地招呼刚进门的食客去了。不一会儿，大概是忙完了事情，伙计又滔滔不绝地与秦越人说了起来：

"我们这里的国君，曾经在全国下过告示，告示中说，'赵国之所以能击退魏兵，有妇女在后方耕织的功劳，她们之所以身患疾病，大多是为了国家。'因此，国君在提倡全国百姓要尊重同情妇女的同时，也在征召天下名医欲为她们治病，无奈人海茫茫，到那里去寻找名医呢？"

秦越人闻听此言，怜悯之心油然而起，"国君尚是如此关心她们，更何况自己是……"于是便慢慢站起身来，向伙计施礼道：

"我乃渤海地区鄚州人士，姓秦名越人，今日行医到此，承蒙小店洗尘接待，不胜感激，若能帮我找得一歇息之处，我将尽力为贵国妇女诊病祛疾。"说完便弯腰行起大礼来。

伙计见状，慌忙扶起秦越人，连说："不敢当，不敢当。"忙还礼道："久闻先生大名，不想今日光临鄙店，失敬失敬。先生若能治得妇人之病，实在是赵国百姓的福分。"说完就撂下手中的活计，招呼了三二人，一同为秦越人安排歇息、治病的场所去了……

赵国百姓听说城里来了一位名医，便一传

十、十传百地传到了千家万户，纷纷扶老携妻，来找秦越人看病。在求治的人群中，既有贫家之女，也有将士、富商之妻，络绎不绝的患者纷至沓来，把个小小诊所聚集得门庭若市。小店的伙计这时也尽力帮助秦越人，他一边安排患者逐次就诊，一边吆五喝六地让那些小有地位、财物颇富的商贾妻女遵守秩序，安静等候。

秦越人此时正凭着他的老师长桑君传授的医术，以及自己多年的临床经验，一改以往专治内科病症的特长，随赵国百姓尊重妇女的风俗，改做妇科医生了。

他认为：依据中医学理论，妇科病症虽有经、带、胎、产之别，但都离不开寒、热、虚、实之宗。经过初步诊察，结合病因分析，他发现年轻妇女患的大多是冲任二脉不和所致的月经不调，而年壮妇女则以白带病症为主。

秦越人根据病人自诉和不同的就诊症状反应，又仔细观察其身体禀赋及其营养发育状况，采用或温经、或清热、或补虚、或逐淤的不同治疗原则，运用针灸、砭熨、服药等外治内服的各种治法，一周后均收到良好的治疗效果，使赵国的大部分妇女皆逐步摆脱了昔日病魔的困扰，重现了当年风姿绰约的风貌。患者及其家属皆兴高采烈，奔走相告。悉称秦越人为"天降神医、扁鹊再世"。

从此，"扁鹊"就成了秦越人的行医誉名，而且随着他的足迹，越叫越响亮，以致逐渐替代了他的真实姓名而家喻户晓了。

再说食饮店的那位伙计，目睹秦越人的精湛医术和一心为民治病的高尚医德，甚是敬佩，欲拜秦越人为师而学医。秦越人眼观小伙子待人热情，淳朴厚道，再则行医治病亦需要助手，于是就收下了他的第一位弟子，取名子阳。几天后，师徒两人即打点起简单行装，离开了赵国，前往河南洛阳去了。

素以牡丹花都著称的洛阳，是当时东周国

的国都，这个国家的疆土面积虽然方圆不过数百里，但颇为富足的经济实力，使国都街市的商业文化氛围略显繁荣。

扁鹊师徒二人进得城来，只见家家店铺门前的台阶两旁，都摆满了各种各样的牡丹花，红白相间，姹紫嫣红，煞是好看。经与路人打听，原来是这里的老人，利用赋闲在家的时间，心甘情愿地在自家庭院、墙角的空地上培育种植牡丹名贵花种，他们全凭爱好，不计报酬，又将各种牡丹花搬到街市上供人们观赏，把整个都市点缀得繁花似锦。因此，东周国都的百姓尤其敬重这些种花养草的老人，认为他们在为社会尽义务、做好事。

这些仁慈敦厚的老人尽管不辞辛劳，乐不疲返地从事着有益于公众的事情，但毕竟年事已高、体力不支，有的已经疾病缠身。扁鹊深为他们的无私精神所感动，同时也十分同情他们年老体衰、诸病罹身的境况，决心运用自己的医术，以解除他们的老年病痛。

他首先依据"肝肾同源"的中医理论，运用"补肾益肝"的方法，接治了大批耳聋失听、视物不明的老年患者；继而针对老年人腰、腿骨关节退化的生理特点，对那些腰腿屈伸、活动不利的老人，采用针刺、按摩、熨敷等手法，结合通经舒络、活血止痛药物内服，使他们的病症逐步得到好转。

就这样，扁鹊在短短10余年的行医生涯中，不仅巩固提高了自己原来所专长的内科病诊治，而且在随各国风俗而变的临症实践中，对妇科、五官科以及老年病的治疗方面，拓展了自己的治病科目，积累了丰富的临床经验。这为他以后的游历行医，打下了坚实的医学基础。

那时，山西那个地方称作晋国。当时在晋国周围的其他国家，如泰国、魏国、赵国、齐国等，大多经济充裕，国力强盛。主管晋国政事的国君名叫赵鞅，又称赵简子。为了使弱小的晋国强大起来，以防领国的侵犯。赵国君可谓日理万机、废寝忘食，每天夜以继日地操持着国家大事。由于睡眠不足，疲劳过度，终于在某一天，体力不支，倒在床上。

晋国的文武百官见国君病倒在床，且5天不省人事，都害怕得不得了，个个急得像热锅上的蚂蚁，在宫廷大厅里来回徘徊，皆面面相觑，摇头叹息，不知所措，谁也说不清国君得的是什么病。

这时，一位名叫董安于的内宫侍臣，急忙派人去东周国洛阳城邀请扁鹊。

扁鹊此刻正专心为洛阳老人诊治老年病症，闻听晋国来人延请，忙起身施礼，引入内屋，并倾听来人详述国君病情……

扁鹊听后，沉思片刻，便回到诊室，向待诊的患者施礼道："各位父老乡亲们，适才晋国来人说，该国国王已病倒5天，且不省人事。俗话说：'国无君主，天无宁日'，再说'救人如救火'。我应亲自去一趟，不出3天，我再为诸位医治，请大家包涵。"

说完，便收拾简易诊疗器具，向大家拱手告辞。众乡亲眼含热泪对扁鹊说："神医啊，我们可等着您回来啊！"扁鹊点头应允着，便叫上弟子子阳，随来人急匆匆地消失在夜幕之中，往晋国去了。

扁鹊进入宫廷内室，一眼瞅见国君赵简子平卧在床，但经仔细观察，发现他虽两目紧闭，然面色红润、呼吸平衡，四肢既无躁动，也不厥冷。

"不是已经病倒5天了吗？怎么……"扁鹊心中颇为疑惑，他一边想着，一边轻微抬起赵简子的手腕，认真切起脉来。

在我国博大精深的中医药学中，诊断病情有4种传统方法，叫做"四诊"，那就是望诊、闻诊、问诊、切诊。其中"切诊"是"四诊"之一，俗称"切脉、摸脉、号脉"等。就是指通过医生手指轻按病人左右手腕部，体察桡骨内侧动脉的搏动情况——即脉象变化来诊断、辨别病情的深浅程度。

扁鹊分别切得赵简子左右两手寸、关、尺及其三部九侯脉，感觉赵国君的脉象皆从容、和缓、均匀而来去有根，既无结代、间歇之停顿，也无浮数沉迟之征象。再结合刚才进门时的望诊体征，就断定国君的五脏六腑，气血津液毫无病态之迹象。于是脸上露出一丝欣慰的笑容，缓缓地松了一口气，退回到大殿。

这时，内侍董安于见扁鹊从内室出来，急忙跟随过来，神情焦急而又悄声地问道："请问神医，主公究竟得的是什么病？如何医治？"扁鹊微笑地看了他一眼，整了整衣角，神态自如地坐了下来，对董安于说："国君虽5天不省人事，但六脉平和，气色如常，看来没什么大病，不必惊慌。"

"那……主公昏厥5日，水米未进，却是为

何?"董安于仍焦虑不安,不解地问道。

"那不是昏厥,乃是沉睡不醒。依据我先前了解的发病原因,定是赵国君操劳国家政事过甚,疲劳过度所致。"扁鹊喝了口水,抿了抿嘴继续说:"从前秦国的国君秦穆公也曾有过这种症状,结果睡了7天方才醒来。所以,我认为赵国君不出3天,也一定会自己醒来,只是现在要好生看候。"说完,便与董安于及众文武百官告退,回驿所去了。

果然如扁鹊所言,两天以后,只见晋国国君赵简子伸了伸腰,打了几声呵欠,如梦方醒似的睁开了双眼。

晋国的文臣武将,见主公梦醒病愈,真是欣喜万分,纷纷奏请赵简子,盛赞扁鹊料事如神,医术高明。

内侍董安于又向国君详述扁鹊诊病经过,赵简子听后极为高兴,意欲留扁鹊在晋国。于是一边命左右请扁鹊来宫召见,一边让人取来田契和金银，遂对扁鹊说：

"寡人感激神医及时赶来治病，以免宫中百官之焦虑，今赐神医良田4万亩，金银各1万两，恳望能留在鄡国业医，不知意下如何？"

扁鹊见赵国君意欲挽留，心中颇感不安，思考片刻后便婉言回答说："国君的美意我心领了。但作为医生当以济世救人为重，我自郑州行医至此。途经数国，救人逾千，岂能在此安逸而置天下病人于不顾？恕不能遵从国君之意，还望早日启程为盼。"

赵简子深为扁鹊不贪钱财、不图安逸、一心想着治病救人的精神所感动，于是便传旨百官，支撑着尚未恢复的身体，将扁鹊送至中宫门外。扁鹊望着赵简子清瘦而略显苍白的面孔，以劝慰的口气对赵简子说："国君啊！虽国事繁忙，自要珍重身体啊！"便向众官拱手告辞。

扁鹊告别了晋国，重返洛阳，除继续诊治几位盼着扁鹊回来的病人外，又新收了子豹、子容、子明、子仪、子越、子游等数位弟子，一路东行去了。

# 传医技弟子艺精
# 信巫术患儿夭折

扁鹊带领弟子数人一路行医东行而来,不一日来到了齐国境内。当时,齐国的国君田和刚刚退位,王位由其儿子田年继承,人称齐桓公,又称齐桓公。

由于旅途上的劳顿辛苦,扁鹊师徒数人便在齐国的卢城(现今的山东省长清县),找一驿所住了下来。长清这个地方，是古代卢子国的都城，北临波澜壮阔的齐河，南与烟波浩渺的大清河比邻，连绵起伏、苍松翠柏的丘陵围绕在四周，可以说是一处依山傍水、山清水秀的好地方。

扁鹊暗自思忖：20多年来，往返于赵、卫、周、晋诸国之间，忙于济世救人，对自己的一些临证经验与体会，尚未有空加以整理总结；再说，跟随我多年的几位弟子，虽聪颖好学，但未悉心指点，也该给他们系统讲授一些医学知识，以提高他们的临床医疗水平了。于是，在安顿好歇息之处后，便对子阳、子豹等众弟子说："我等数人一路行医至此，颇为劳苦。我看此处环境优美怡人，适合我等研习医理。我想在总结我行医经验的同时，也给你们讲授治病救人的医学原理，望努力记诵研习，切莫辜负我的一番苦心。"众弟子听后兴奋不已，皆恭敬应答，纷纷表示不负先生期望，钻研治病本领。扁鹊听后自然是颔首微笑，点头赞许。

从此，扁鹊师徒数人白天应诊，晚上或研习、或授课。当然，遇到危急病人，他们自然是不辞辛苦，送医上门的。

一日晚上，扁鹊给众弟子讲授中医"四诊"，并着重强调"四诊"是诊断疾病的关键。弟子们皆聚精会神、目不转睛地聆听记诵着先生的传授。扁鹊讲道："所谓四诊，就是指中医的望、闻、问、切4种诊断疾病的方法。拿望诊来说，当病人一出现你眼前，作为医生就要凭借自己的医学知识和临床经验，来仔细观察病人的精神状态、面部气色、动作表情、身体姿态等外在临床表现，以初步判定病人的病症性质、患病部位以及病情的深浅程度；再结合嗅闻病人气味，询问发病起因与病情经过，综合上述病症材料，最后运用切脉，了解病人脉象浮、数、沉、迟等变化，才能确知病情所在而对症下药。"

扁鹊的一番讲述，使众弟子面露喜色，大

有茅塞顿开之感，只见他们一个个交头接耳，窃窃私语，似乎仍有不解之疑。这时，子豹站了起来，向扁鹊提出了弟子们急欲弄明白的问题。

"先生刚才所言脉象中有浮、数、沉、迟，是何医理？能否讲得再详细些？"

扁鹊听后微微一笑："呵，这个问题不难解释。"只见他转身把卷轴布帛医书放在桌案上，眯着双眼，来回踱着脚步，慢条斯理地讲道：

"临诊之时，如切得脉象浮而数，即'常之有余，按之不足'，如鱼之游在波；而又搏动节律稍快者，主病在肌表，病位轻浅，经治疗数日可愈。如切得脉象沉而迟，即'举之不足，按之有余'，如鱼之卧池底；而又搏动节律缓慢者，主病在里，一般来说指病在脏腑气血，病情较重，那就不是数日可愈的了。所以要求医生在切脉时，必须平心静气，仔细辨别体会，再结合望、闻、问诊，方能诊得确切病位。"

扁鹊深入浅出的讲解，惟妙惟肖的举例，使

他的弟子如干涸久渴的禾苗，拼命地吮吸着中医药学的精髓，并逐渐掌握了祖国医学的真谛。从此以后，扁鹊除每日向弟子们传授医术外，还有意让他们白天独自外出行医，晚上指导他们总结医案，遇有棘手的疑难病症，就亲自前去会诊。数年后，名声大噪，长清周围方圆百里的百姓皆称扁鹊为"神医降卢"，后来干脆将扁鹊视作本乡本土本村人，而称之为"卢医"了。

扁鹊虽然在前人医疗经验的基础上，结合自己的临床实践，总结出一套切实可行的科学诊断与治病方法。但是，在他当时的生活年代，由于科学、文化的落后，巫术与迷信却十分盛行。他所游历的数国中，大多均设置一批"祝由、司巫"部门及官吏，供养了一批巫师专门从事所谓的"逐疫、驱疠"等迷信活动，而医术却反倒成了它的附庸。因此，常使一些愚昧无知的百姓相信它而延误了治疗时机，最终丧失了性命。在扁鹊的行医过程中，也曾经历过一次巫与医的较量，虽然在这次医疗事例中巫术占了上风，但在扁鹊的思想上却敲响了警钟，并作为以后的行医原则而时时告诫自己。

那是在一天深夜，扁鹊与弟子忙完了白天的诊疗与学习，均已安歇在床。忽听门外的脚步声由远而近，甚是急促，紧接着"嘭嘭……"的敲门声似雨点般的急骤，子阳被惊醒，揉着惺忪睡眼前去开门。只见门外一位40开外的中年男子满头大汗地跑了进来，气喘吁吁地对子阳说："李家庄李大哥的儿子病得很重，看来快不行了，你们能不能去一趟，救他孩子一命？"说完就一屁股瘫坐在椅子上擦起汗来。扁鹊在一旁闻听后忙问："病多久了？""已经……已经两天了。"中年男子喘着粗气，断续回答着。

"请医生看过没有？"扁鹊继续询问。

"听说请了位巫师，在他家又是挥剑，又是喷水，焚烧什么来着。"

扁鹊再也顾不得多问，急忙拉着子阳，对中

年男子只说句"快快带我前去",就消失在茫茫黑夜之中。

来到病人家中,只见满屋子烟雾缭绕,地上撒满了焚烧过的碎布与黄纸片,案桌香炉上插着的几支残香,有气无力地冒着几缕袅袅青烟,空荡荡的屋角,在一张只铺着一层草席的床上,躺着一个约七八岁的男孩,但见他双眼紧闭,脸色青白,鼻翼翕动,呼吸急促,嘴唇紧闭,四肢不时抽搐。孩子的父亲却在一旁,以一双呆滞的眼睛痴痴地望着扁鹊,扁鹊已顾不上与他寒暄,急忙俯下身去摸了摸孩子那滚烫的身体,听了听患儿的胸、背部,然后就仔细诊察孩子的左右手脉搏,思考片刻,便对患儿的父亲说:"小儿的病初起为外感风寒,因医治不及时,现在已经邪热阻肺(即现代医学的小儿肺炎),应立即给予清热肃肺才是。"说罢打开诊包,取出纸笔欲开处方。

谁知患儿的父亲此时却如酒醉方醒似的予以

阻拦说："吾儿的确病得很重，当请良医治疗，但依我看先生并非是良医，您也治不好这孩子的病。"

扁鹊听得此言不禁愕然，"大哥此言差矣！难道……"话音未落，只见患儿父亲先前请来的巫师，正踱着方步闭着眼，口中念念有词地走进门来。扁鹊见状，"哦！原来这就是他所请的良医。"于是急忙拉了拉子阳的衣角，暗示退至屋角，他要亲眼目睹巫师是怎样给患儿治病的。

但见巫师披头散发，身穿红绿相杂的法衣，挥舞着一把寒光闪闪的利剑，一边手舞足蹈地乱蹦一气，一边忽高忽低的叫嚷着："天灵灵，地灵灵，妖魔鬼怪快离开……"。舞毕又是喷水、又是烧符地瞎折腾一番，还美其名曰"驱鬼逐疠，小儿病愈"。

大概两个时辰的光景，东方已泛鱼肚白，巫师大概是累了，拿了患儿父亲给的钱急匆匆地走了。再看患儿脸色已由青紫转成苍白，六脉全无，早已命归西天了。父亲见状，抱着儿子尚未僵硬的尸体，号啕大哭起来。扁鹊看事已至此，不禁也黯然泪下，他与子阳只得默默地退出门外。

在回来的路上，师徒二人心情沉重，许久都没有说话，心想：巫术害人不浅，却仍有那么多人相信它，以至白白丢掉性命仍执迷不悟地认为：这是天意，是上天的安排，多么可悲啊！难道医术就不能战胜巫术吗？从此，扁鹊为自己今后治病立下一条规矩，那就是"信巫不信医者，一不治也"。

# 精望诊预知病后
# 讳忌医齐王丧命

　　医术上颇负盛名的扁鹊,不仅在长清一带家喻户晓、老幼皆知,也传到了齐国的国君齐桓公耳边。

　　齐桓公早就想见一见这位从外地来的神医,于是他对内侍说:"听说卢城有一位名叫扁鹊的外来治病良医,医道高明,卿可否去请他来与寡人一见？"

内侍遵命，领旨前来长清，把国君诏书面呈扁鹊。扁鹊接过诏书，不知何事，也不敢怠慢，忙将诊疗事宜向子阳、子豹作了交代，就随内侍乘坐木轮马车来到了齐国国都临淄（今山东省淄博市）等候召见。

第二天，齐桓公早朝，召扁鹊进宫，扁鹊面见齐王，双手抱拳，弯腰下拜说："在下行医途经贵国，承蒙国王召见，实乃荣幸。如有冒犯或不妥之处，恳望国王宽容见谅。"

齐王见扁鹊器宇轩昂，一表人才，心想：世人皆称他为神医，今日一见，果然名不虚传。于是便说："哪里，哪里，寡人久仰先生医术精湛，使鄙国黎民百姓摆脱病痛，今日得以相见，实在幸会。"

齐王高兴地让内侍搬来一把椅子，赐扁鹊坐于一旁，一面热情款待他，一面赞誉之辞溢于言表。

扁鹊见齐王当着文武百官如此夸奖自己，似觉不妥，忙起身还礼道："我乃一名草医，治病救人乃是我的本分，蒙国王如此抬举，在下实不敢当。"

齐王听后并不理会扁鹊所言，仍在眉飞色舞、口若悬河地与文臣武将们讲述着山南海北的奇闻逸事。

扁鹊精于望诊，尽管齐王在兴致勃勃地继续谈论着国家大事，但他发现在齐王面部的形色之中，已有病理反应显现于外。

于是便以一个医生对病人负责的职业本能，起身奏请齐王。

"国王，据我刚才对您的观察，您现在已经身患疾病，不过目前病情较轻，尚在皮里肉外之间，您可能还未觉察到。倘若不马上治疗，病症恐怕会进一步加重。"

齐王听后甚觉奇怪，不由自主地左右转了转腰，伸开胳膊看了看自己的身体，说："不见得吧！寡人自我感觉很好，哪有什么病呢？"

"国王，从您的脸色已经反映了病态，您要马上治疗，不能拖延啊！"扁鹊进一步劝说。

"寡人身体很好，望神医勿再多言。"齐王不悦，制止了扁鹊。

扁鹊见齐王执意不信自己有病，于是就告辞退出了宫廷。

齐王颇为恼怒，扁鹊刚才不仅打断自己的谈论，还说自己有病，见扁鹊告退，遂对满朝的文武百官说："诸位爱卿都瞧见了吧，凡是医生都好贪图功利，总想拿身体健康的人来显示他们的治病本领。如果依了他，吃了他的药，他就可以到处吹嘘什么'我治好了齐国国王的不治之症啦……'"说完，鼻子哼了一声，满脸不屑一顾的样子。

众卿见状皆附和着齐王哈哈大笑起来，这笑声中透视出一种对扁鹊的嘲讽与蔑视，对祖国医药学的践踏与亵渎。

5天过去了，齐桓公早已把那天的事忘到了九霄云外。早朝时扁鹊拜见了齐王，见齐王脸色较之5天前略显苍白，但眼睛周围已显现出不易被人察觉的泛青色。本着医生的强烈责任感，便再次奏请齐桓公："国王的病现已发展到血脉，已经加重了，如果再不抓紧治疗，肯定会越来越重的。"

"寡人没有病，不用先生再费心。"齐王挥了挥手，不耐烦地打断了扁鹊的话。

扁鹊见齐桓公一脸不高兴的样子，只得默默地点了点头，告辞退出宫廷。

又过了5天，当扁鹊再次见到齐王时，齐桓公不仅脸色苍白憔悴，连肢体行动也不如以前那么轻捷麻利了。

于是便心情焦虑地向齐王奏请道："国王的病现在已经转入肠胃，再不马上治疗，后果难以预料。"

齐桓公一听又是老话重提，满脸愠怒之色，

对扁鹊根本不予理会，仍觉得自己身体是健康的。

数天以后，扁鹊又在一次早朝中拜见齐王，见齐王的面容灰如土色，心中不禁惶恐不安，心想国王已病入骨髓，无药可治，于是便噤若寒蝉，一言不发地只向齐王拱手施了施礼，慢慢退出了宫廷。

齐桓公感到很奇怪，心里琢磨着往日扁鹊拜见我，总说我有病在身，劝我抓紧治疗，今天怎么一声不吭地走了呢？是不是我以前对他的态度太……于是，他马上让身边的内侍去追赶扁鹊，要问个明白。

"扁鹊先生！请……请等一等！"

扁鹊刚出宫门，闻听后面有人叫他，便停住脚步，见宫廷内侍急匆匆地跑来说："扁鹊先生，齐王见您今日一声不语地走了，甚为不解，他让我问您，为何如此啊？"

扁鹊闻言，仰天长叹一声，心情沉重地对内

侍说："公公啊！你有所不知。当疾病处在皮肤肌肉之间时，用汤药或膏药外敷尚能治愈；当疾病到达血脉时，用针刺或砭熨的方法也能治愈；当疾病转入肠胃时，就得依靠药酒，用酒的力量直达病所，还能治愈。可如今……国王的病情已经发展到了骨髓，现在就是掌管阳间性命的阎王来了也是无可奈何，更不用说我这小小的民间医生了。因此，我今天只能一言不发，不再请求齐王治病了。"

内侍听完扁鹊的一番解释，便回宫向齐桓公禀报去了。

扁鹊深知齐王已病入膏肓，无药可治，并预料到几天后必然病发卧床，到时候肯定还需召他进宫诊治。与其到那时束手无策，不如现在离开临淄。

于是他连夜驱车赶回长清，把齐桓公的病情与后果告诉给子阳、子豹，叮嘱弟子们整理行囊，两天后便离开了齐国。

果然如扁鹊所预料的那样，在扁鹊离开临淄后的第四天，齐桓公病情发作，卧床不起（按现代医学分析，齐桓公当时得的可能是感染性疾病）。这时他才想起扁鹊以前所说的话，赶紧派人去请扁鹊，无奈扁鹊此时早已远离了齐国。

齐桓公的病情一天天加重，众太医个个急得抓耳挠腮，一筹莫展，没几天便命归西天了。

这个故事表明：如果齐桓公能够预先懂得在疾病还没有显露症状的时候，能听从扁鹊的劝告，及早进行治疗，那么疾病就可以治愈，生命尚能延长。可悲的是齐桓公不仅固执己见，养痈为患，而且还讳疾忌医，一再贻误病情，终于过早地被病魔夺去了生命。

从中也反映了早在2000多年前，扁鹊就能根据病人的气色，结合其他诊法（听声），便能准确预测到疾病的发展与后果。

说明扁鹊对疾病的认识已经具有由表及里、由浅入深、不断发展的病理观念，并且注意到了早期发现和早期治疗的意义,这在医学检验技术尚未具备的战国时期,是极其难能可贵的。

# 虢太子病因尸厥
# 秦越人妙手回春

　　扁鹊师徒数人自离开齐国，途经卫国（现河南新乡一带），一路翻山越岭、涉水渡河，沿途已记不清救治了多少黎民百姓的疾病与生命。扁鹊谦和诚信的医德医风，以及高超精良的医疗技术，早已深深扎根在中原百姓的心中，各地人民均视扁鹊为救命菩萨而感恩戴德。而扁鹊的诊断医疗水平，在长期的临床实践中，由于不断探索、总结，也已到了炉火纯青的地步。如此历经数年，他们来到了虢国（今山西省平陆县至河南省三门峡市一带）。

走进城来，见都城的城门之上，城墙四周以及市井街巷的醒目之处，均悬挂着祈祷消灾的七色锦旗和谶徵咒语。扁鹊心中甚觉诧异：有什么大不了的灾难，使这个国家把祭天消灾活动搞得比其他事情还重要呢？

扁鹊数人来到虢国的宫廷门前，发现这里不仅香火缭绕、彩旗满天，而且是巫师云集三五聚堆。于是便向一位正在看门的侍从询问："贵国把祈祷消灾活动搞得如此隆重，是什么灾难降临到这里了？"

"唉！我国太子暴病而死，所以今天在全国举行哀悼。"侍从官叹了口气，心情沉重地回答着。

"太子得的是什么病？怎么年纪轻轻就突然

死去了呢？"扁鹊仍不解地继续询问着。

这时，其中一位颇懂医药的侍从官插言道："据我的了解与观察，太子得的是气血运行不按时，阴阳交会错乱而不能疏泄，又猛然从体表发作出来，导致昏迷而不省人事。人体正气不足，不能制约邪气，邪气蓄积在体内又不能散发于外，于是就促使阳脉弛缓而阴脉拘急，因此就突然暴厥而死去了。"

侍从官口若悬河地叙述着，其实他的见解并未得到扁鹊的认同，扁鹊接着询问："什么时候死去的"？

"早晨鸡鸣时分。"

"尸体收殓了吗？"

"太子死去尚不足半天，还未收殓。"

扁鹊这时已对太子的死因有所了解，他经仔细认真的分析，认为太子此时并未真正死去，若抓紧救治，还有生还的希望。于是就对侍从官自我介绍说：

"我乃齐国渤海地区人氏，名叫秦越人，家住郑州镇。今天来到贵国，还未来得及拜见国君，就听到太子去世的不幸消息。不过，我是一名行医多年的民间医生，刚才听了您对太子病情的介绍，经我的分析，我以为太子并非真的死去，凭我的医术与经验，我能把太子救活过来。"

侍从官闻听扁鹊的一番话，心中不禁一振，他以一种惊讶而又疑虑的神态望着扁鹊，"先生莫不是在欺骗我吧？你凭什么说太子还能够活过来？"

还未等扁鹊作出回答，侍从官就自以为颇懂医药，振振有词、一板一眼地继续说道：

"我听说在上古的黄帝时代，有一位名叫俞跗的医生，治疗疾病以来不用汤药、酒剂、馋钱、砭石、导引、按摩、熨帖等方法，只要经他的眼睛一看，就知道疾病的所在部位。于是他就顺着五脏六腑的经络穴位，割开皮肤，剖开肌肉，疏导血脉，结扎筋腱，按揉脑髓，拨动膏肓，分理膈膜，然后清洗肠胃污垢，荡涤五脏六腑，修炼精气神志，以改变神情气色。先生的医术如果能达到如此高超绝妙的地步，那么太子也许就可以救活过来；不能如此，却又想让太子活过来，那您简直是在用这些话来哄骗刚会发笑的小孩！"

说完，轻蔑地瞟了一眼站在眼前的扁鹊。

扁鹊听了侍从官的一番话，又看了看在那儿自以为是的侍从官，并未急于辩解，只是付之一笑。他昂首望了会儿天，轻轻地捋了几下胡须，片刻后才慢条斯理地对侍从官说：

"呵！您所说的治病方法，就好比从竹筐中观天，从缝隙中看地，未免有点偏执狭猾。我秦越人给人治病，不需要等到给病人切脉，只要望一望病人面部的气色神情，听一听病人的声音，再察看一下病人的体态，就能够说出病人疾病的所在部位。通过病人症状的表现，就可以推论出病人阴分气血的盈亏；通过病人阴分气血的盈亏虚实，又可以推论得知病人阳分症状的具体反映。公公如若不信，那么您就马上进去试诊一下太子，我可以肯定，太子现在耳朵内必有轻微响声，鼻翼尚在煽动，如果顺着他的腿往上抚摸至阴部，其阴部周围必定还是温暖的。只是太子的这些病症反映实在微小，不易被人察觉罢了……"

侍从官刚开始尚在津津乐道地听扁鹊讲述医理，听着听着，被扁鹊既玄妙深奥，又言简意赅的阐述所折服，心想：他连太子都未曾看见，怎么分析了解得那么一清二楚呢？未等扁鹊讲完，已然是瞠目结舌，哑口无言了。

扁鹊见侍从官如泥塑木雕般地许久未吭一声，于是就轻轻地推他一推，"公公，何不快去禀告国君？"

"啊……"侍从官这才如梦方醒似的缓过神来，已顾不得向扁鹊施礼，就匆匆忙忙地进了宫门。

后宫内室，王后正为太子暴死而低声哭泣着，国王则愁眉泪眼，坐立不安，时而长吁短叹，时而徘徊不止，一副一筹莫展、百般无奈的样子。

这时，侍从官已三步并作两步，急匆匆地跑了进来，见状即跪地禀告："禀国王，门外有一位来自渤海鄚州的良医，名叫秦越人，在下与他论及太子病因，医理实在高明。他未见太子容颜，便知太子病因，并声称能救活他……"

国王听后大为惊异，忙问："确有此事？"侍从点了点头："实不敢瞎说。"国王心想：早已耳闻世上有一位人称扁鹊的名医，其医术超人，莫非神医真已来到我国。于是急命侍从召请扁鹊于中庭迎见。

国王亲自来到宫廷中门，见扁鹊走入近前，已全然不顾君臣之礼仪规矩，亲迎扁鹊入中庭一侧就座，扁鹊正欲向国王施礼拜见，谁知国王却先前一步反给扁鹊施礼。这就足以看出，国王欲请扁鹊救活太子的迫切心情了。

"先生，寡人在数年以前就听说您具有精湛的医术和高尚的医德，但一直未能拜见您。先生今日途经虢国，能够救助于我，实在是寡人这偏远小国的荣幸啊！有了先生的救助，我的儿子兴许能活过来，若无先生的相助，我儿只能抛弃掩埋在山沟里，永远死去而不能生还了……"

说着说着，国王眼含泪花，悲伤地抽噎起来，其气满郁结，精神恍惚，悲哀不已的神情，以及泪坠睫毛，涕泪交流的窘相，已完全失掉了往日临朝时的威严。

扁鹊见国王如此伤感，遂劝慰他说："国王不必过于悲伤，您太子的病，就是医生们常说的'尸厥'（类似现代医学的休克症），其实太子只是一时昏厥，并未真死，还有救活的希望。"

国王听后大为诧异，"先生果真有如此绝妙的医技？那寡人就拜托于你全力救治了。"

于是，扁鹊先让他的弟子子豹砌灶熬水，子阳磨针砺石。一会儿，由子阳首先针刺太子的三阳经穴（即中医的太阳、少阳、阴明3条经络）与五会腧穴（指百会、胸会、听会、气会、臑会5个穴位），并轻捻针柄，适时提插，留针观察；子容在一旁配方捣药以备用，子明则手持一根细管，蹲在太子身旁，往太子耳里轻轻吹鼓着；子仪、子越、子游3人则分别从太子的四肢至躯干，进行按摩揉捏、分筋点穴，以温和调理肢体血脉。

国王与王后虽将太子托付给扁鹊，然心里却忐忑不安，一直守候在周围，目不转睛地盯着太子。

约过两个时辰，天色已见擦黑，只见太子手脚微有颤动，眼睑欲睁欲闭，振振而跳，呼吸随着胸腹起伏，由浅渐深。又过了一会儿，就慢慢地睁开了眼睛。

国王与王后见太子活转苏醒过来，自然是

喜出望外，不能自已，急欲上前呼唤，被扁鹊劝阻："王后且慢，太子虽已醒来，但病根尚未去除，仍需进一步治疗。"

说完，急忙让子仪、子越等弟子缓慢扶起太子呈半卧状，急命子豹将熬热的白水，掺入子容刚捣成的"八减"药剂，用毛巾蘸着热药汤，交替轮换热敷太子的双腋下及阴部周围，然后热敷全身，让温暖的药气慢慢传入体内，以温煦五脏，调和气血……

太子大病初愈，体质十分脆弱，尚不胜风寒，不禁药力。扁鹊针对太子阴阳尚不能自调，气血双亏的病状，处以调理气血、阴阳药方，并连服20余剂，又因体制宜，不失时机地辅以气功、导引，终于使太子身体恢复如初了。

扁鹊救活虢太子一事，很快从虢国向外传开，人们皆称颂扁鹊先生医术超人，妙手回春，更有人以为扁鹊身怀起死回生的绝技。但扁鹊却客观而谦虚地解释说："并不是我秦越人能让死人起死回生，而是太子原本就没有死。作为医生，我只不过尽了自己的一点力，给病人以精心治疗，使太子的病向好的方面转化，最后治好了太子的'尸厥'症而已。"

从上面这个故事可以看出，扁鹊不仅擅长治疗内科疾病，而且在运用针灸救治尸厥（休克）方面，尤有精深的研究。既体现了扁鹊实事求是、谦虚朴实的高尚医德，也反映了在战国时期，我国针灸学方面从理论到实践均已有较突出的成就。

# 兼外科剖胸换心
# 诉公堂扁鹊辨因

　　扁鹊众人治愈了虢太子的病,离开了虢国,在去往秦国的路上,遇到了鲁公扈与赵齐婴。这两个人,因为同时得了时行流感,所以一起来求扁鹊给予诊治。

　　鲁公扈虽是学富五车的读书人,但形象委实不雅,只见他长得耸肩缩背,尖嘴猴腮,一副病病歪歪、斗筲之材的样子；反观赵齐婴，却生就一副五大三粗、虎背熊腰的身材，其豪放不羁、谈笑自如的神态，一看就知其是位不拘小节、心浮气躁的壮汉。

鲁公扈与赵齐婴虽然得的是同一种病，但一个长得人高马大、魁梧健壮；另一个却皮里抽肉、瘦骨嶙峋。身体禀赋差异之大，说明不能用同一张药方为他俩治疗，必须运用望、闻、问、切四诊，结合病因病机、临床表现、身体素质来进行辨证分析。

中医学一般认为，体瘦之人，素体多有内热，因为内热久灼体内津液，故使肌肤不充；体胖之人，素体多留水湿，由于水湿泛溢肌肤，故显肌肉丰满。

扁鹊依据中医辨证施治的原则，在给两人分别切脉时，发现鲁公扈的脉象浮而细数，赵齐婴的脉象则浮而濡数，与中医辨证论治的理论完全一样。于是给鲁公扈和赵齐婴分别予以养阴解表和解表化湿的治疗法则。

两人各自拿着扁鹊的药方，遵照医嘱按时煎汤服药。3日后，病情果然好转过来，于是又来到扁鹊住所，请求复诊。

扁鹊这次并不急于为他俩切脉，而是仔细询问其家庭、婚姻、职业以及经济状况等情况，并从中得知公扈虽满腹经纶，学识渊博，无奈形陋委琐，抑郁寡欢，以致办事常常瞻前顾后，优柔寡断，其妻亦讥讽其徒有学问，不值分文。赵齐婴虽体壮如牛，但却胸无点墨，徒有躯壳，做事从不思考，颇为专横，亦被其妻常嘲笑是绣花枕头腹中空。两人身为男子，又各自被自家妇人瞧不起，故心中颇为苦恼，但又无良计可施。

中医学历来认为：心藏神志。也就是说，人的精神情志，思维活动均由心来主宰。扁鹊心想，这俩人的外形与学识，和心所主宰的藏神志不相一致，那么不妨用手术的方法，给他俩置换一下心，也就是把赵齐婴刚毅果敢的心置换给鲁公扈，把鲁公扈学识广博的心置换给赵齐婴，这样，他俩就能取长补短，发挥出各自的优势特长了。于是扁鹊就对鲁公扈和赵齐婴说：

"你们俩人从前得的病，都是由于外邪侵犯肌表，又伤及脏腑所致。对于这一类病，只需运用内服汤药和外敷肌肤的方法，就能治愈。这次就不同了，通过你们刚才的叙述及我的观察，觉得你俩还患有一种比较顽固的疾病。这种病不同于外邪入侵肌肤之疾，而是与生同来、与体俱长、与死同去，仅仅依靠内服汤药是不能去除的，必须要用手术的方法才能治愈。我准备在近日内为你们除去病根，不知两位意下如何？"

鲁公扈和赵齐婴听了扁鹊这番言论，皆面面相觑，不知所措，于是就进一步询问：

"先生准备用何种医术为我们医治，其结果如何？"

扁鹊眯起双眼，略一思索，对鲁公扈说：

"你读书万卷，学识渊博，怀有鸿鹄之志

与为国尽忠之心，无奈身材矮小，形陋胆怯，多于谋略而少于果断，故一再名落仕途，不得器用……"

鲁公扈听后不予否认地点了点头："先生所方极是。"

扁鹊随后又对赵齐婴说：

"赵公子平素不善读书，故胸无大志，然接人待物豪爽热情，却又欠思虑而行事多莽撞，故常将好事办成坏事，为此怨天尤人，动怒发火，时有发生……"

赵齐婴听后，由衷佩服扁鹊所言高明无比。于是，俩人为探明究竟，有点迫不及待地、又几乎是异口同声询问扁鹊：

"哪……按先生的意思，我俩的病又该怎么治呢？"

扁鹊用手轻轻地捋了捋下巴上的胡须，慢条斯理地对鲁公扈、赵齐婴说：

"我用剖胸手术，将你们两人的心进行互

换，这样就能把你们原先各自的顽固的心理病态来他个扬长避短、各得其善，并可充分发挥你们的才华，堂堂正正地为人处世。"

鲁公扈与赵齐婴听后，不禁大惊失色、毛骨悚然，其诚惶诚恐，心有余悸的神态，连说话都吞吞吐吐起来。

"这……这……行吗？"

扁鹊见他俩惊魂不定的神色，忙劝慰着说：

"我秦越人受吾师长桑君真传，四海行医数十年，治愈生灵数以万计，未曾有一次失手。两位可尽管放心回家准备，术前3日内务必斋戒素食，更衣沐浴。"

鲁公扈和赵齐婴欣然从命，在遵照医嘱作术前准备的同时，也将此事告诉了各自的妻子。夫人们听后虽不置可否，但将信将疑的神色及焦虑不安的心情已足见她们的担忧。

扁鹊为妥善、圆满地做好鲁公扈和赵齐婴的手术，急命弟子子阳、子豹配制一定数量的麻醉药酒，又让子容、子明、子仪等人磨砺刀针，吩咐子越、子游砌灶架柴，以备烧灼刀针，煮水洗涤，消毒所用。

第四天上午，鲁公扈和赵齐婴按时来到诊室。扁鹊命他俩分别净衣上床平卧，首先让两人空腹饮入大量麻醉药酒，并逐渐加大酒量。起初一二日，两人均似醉非醉，昏昏欲睡，但呼之能应，推之能醒，尚能与扁鹊对话。扁鹊认为这是麻醉量不足，于是又让子阳、子豹端起大坛药酒，命鲁公扈、赵齐婴饮下。如此到了第三日，把鲁、赵二人灌得醉如稀泥，纹丝不动地躺在床上，任凭子阳用针刺、火灼肌肤，全无一点反应。

扁鹊见麻醉火候已到，才让弟子们用烧热的水为鲁、赵二人全身沐浴擦净，然后由扁鹊主刀，与子阳拿起烧灼过的刀针，分别为他俩剖胸止血，取心互易，并敷药缝合。数日后，俩人便痊愈如初。

手术后的鲁公扈与赵齐婴，外形与面容虽保持原貌，但由于两人已互相调换了心，因此原先懦弱寡欢的鲁公扈突然变得刚毅果敢起来，原来鲁莽行事的赵齐婴却显出从未有过的足智多谋。两人的脾气性格、言谈举止一改既往，前后完全判若两人。

鲁公扈与赵齐婴见手术给他俩带来了刚强与智慧，内心自然十分高兴，急想回家面见夫人，意欲给妻子带来一个惊喜。谁知又引出一个其妻不认其夫，双双诉诸公堂的故事来。

这是因为：心是主宰着人的精神状态和行为意志的首脑器官。心之所以具有藏神志的生理功能，这是说明人的一切思维意识、行为均受心的支配与指挥，所谓"灵机一动在于心"，或"用心想想"的道理就在于此。

已互换心脏的鲁公扈和赵齐婴，由于受心主意识行为的指使，他们并未朝原本自己的家里走去，而是鬼使神差地来到了各自对方的家里。

这边鲁公扈的妻子，正为夫君治病之事心中焦虑，暗自思忖着：不知疾病治疗得怎样了？猛抬头忽见门外来了位面生而高大的男子，进门就满脸笑容地上前施礼：

"娘子，多日不见，近来身体可好？"

鲁妻心中大为惊异，又见其欲上前拉扯，便十分恼怒地呵斥道：

"你是何人？竟敢光天化日如此无礼！"

"夫人此言差矣。我乃你丈夫鲁公扈也。数日不见，怎么连夫君都不认识了？"鲁公扈仍不慌不忙地回答着。

鲁妻听后大惑不解，心想：来人彬彬有礼，举止神态确像我夫君，但他往日那丑陋委琐的身材，如今为何那么魁梧高大，而且容貌也不像啊？于是便进一步正颜厉色的说道：

"休得胡言。莫非你这歹徒欲欺辱我不成？"

已身换鲁公扈心脏的赵齐婴（假鲁公扈）见

妻子仍余怒未消，便讲出了请名医扁鹊做了与鲁公扈互换心脏手术的原因，所以他现在已成为鲁公扈。鲁妻听后还是将信将疑，决定上告衙门，弄个水落石出。

那边，已身置赵齐婴心脏的鲁公扈，也大大咧咧，扯着嗓门大声对赵妻喊道：

"娘子，我回来了！"

赵妻见一身材矮小，形态丑陋的陌生男子走进家门，同样被拒之门外，不予承认。无论假赵齐婴怎样解释，还是遭到赵妻声色俱厉的训斥。

鲁、赵两位夫人皆觉得此事蹊跷，如坠云雾而怅然若失。于是两位夫人皆将此事告到了公堂。

公堂县衙，仔细听取两位夫人的诉讼之后，觉得此案奇特，暗想：世上竟有会做心脏互换手术的高明医生。于是便吩咐衙役将鲁公扈、赵齐婴传唤到堂。

鲁、赵两人一进公堂，便直奔对方妻子，声

称这是他的老婆，而两位夫人却走向对方男人，叫嚷着这个是她的丈夫。搅得公堂内乱乱哄哄，把县衙都审糊涂了。无可奈何，县衙只好派人去请来扁鹊，请扁鹊帮助把此案审理清楚。

扁鹊到堂，向县衙及鲁、赵两位夫人，从鲁公扈与赵齐婴的病症起因、治疗经过，以及换心后的记忆、意识与神态变化，作了详尽而又仔细的叙述。他说：

"鲁公扈换了赵齐婴的心，可以改变他的性格，一扫过去胆小懦弱、犹豫不决而变得毅然决然，知难而进；赵齐婴换了鲁公扈的心，可以摒弃以往刚愎自用、恣意妄为而变得集思广益、足智多谋起来。如此相得益彰、各得其所的美事，不亦乐乎！"

众人听完扁鹊的解释，皆被眼前事实所信服。县衙恭敬地请扁鹊入内室就座，两位夫人则各自认领自己原先的丈夫，高高兴兴地回家去了。

这段史书记载的扁鹊剖胸换心的精彩故事，如果用现代医学的科学技术加以分析，实在是不可思议的事情，因为凭当时的医疗技术条件，是绝对做不到的。但是，它反映了我国古代人民对医学的丰富想象，这也是一种可贵的科学幻想。从今天已经取得的成功的内脏器官移植术看，例如心脏移植、肾脏移植技术，古人在当时所萌发的丰富想象，是具有积极意义的。

# 治未病防微杜渐
# "六不治"行医准则

扁鹊数十年的游历行医,途经了燕、赵、晋、齐、卫、虢等好几个国家,因此对上述各国的政治经济、宗教信仰、民俗文化以及风土民情有了一定的了解。但是,在扁鹊生活的年代,各国的科技文化和人们对事物的认识水平还比较落后。无论是统治阶层,还是平民百姓,一旦遇到天灾人祸，由于缺乏充分的科学理论加以解释，总认为是神灵在左右着自己，是上帝的安排。因此，有相当部分的善男信女非常崇尚巫术，即便是一些不太信巫术的有识之士，一旦他们患了疾病，也不马上求医问药，而是自以为是地先祈祷一下神灵再说，往往把小病拖成重病，或者让巫医驱疠逐鬼地折腾一番后，见病情渐重，不得已才找医生诊治。这种由国家设置并认可的"司巫"机构，及其巫术传播，确实阻碍了医学的进步与发展。

扁鹊作为战国时期的一位名医。他不仅一生不相信巫术，认真钻研医疗技术，同时还注意总结各国人民的民间医药经验，用自己的高超医术和显著的疗效事实，不断揭露巫祝迷信的虚妄。他在数十年的临床医疗实践中，提出了"治未病"的预防医学思想，认为只有不信巫术而专信医学的人，才能懂得无病预防，有病早医的基本道理。

扁鹊深思：当前人们所担忧的事情，无非是疾病种类的繁多，而医生所担忧的是治疗疾病的方法实在太少。我虽挽救了数以万计的生灵，治愈了无数贫苦百姓的病痛，但也遇到过因客观原因，或病人不予配合，导致不能治或无法治愈的病例。应该给以总结，并告诫后人以免重蹈覆辙、少走弯路……

扁鹊之所以考虑许多，是因为他的治疗对象，既有高高在上的皇室达贵、富商巨贾，也有田间耕作的黎民百姓。其中颐指气使、锱铢必较的心态，以及家徒四壁、贫病交加的境地，给治病的本身也带来一定的难度。而妙手回春、力挽沉疴的经验，与英年早逝、幼年夭折的教训，对扁鹊来说都是刻骨铭心的。

经验与教训，虽说扁鹊体会极深，但对于跟随自己行医多年的众弟子，未必有此感受。因此，扁鹊心想，人生在世，既不为良相（做官），就应做良医。然而要做一个好医生，必须首先树立为人师表、淡泊明志的志向，并以体恤百姓病痛的良苦之心，实事求是地运用医学知识来立身于医林，决不与欺世诓人的巫术同流合污。

扁鹊经过认真思考，将自己数十年来在临床治病过程中所遇到的医治难题和教训，归纳为"六不治"准备向弟子们逐一讲述，以让他们懂得今后独立行医时的医疗原则，也就是说，以后遇到"六不治"其中之一者，就不必勉强为其医治。如果现在不给弟子们讲清这个问题，那么待自己百年后，终将是一件十分遗憾的事情。

于是，扁鹊把众弟子叫到诊室，和颜悦色地对他们说：

"你们都是我的学生，随我行医多年来，医术渐有长进。但作为一名医生，仅会给人治病还显不够，应在头脑里树立起良好的医德医风，无论男女老幼、贫富贵贱，应一视同仁地对待……"。扁鹊讲到这里，端起子阳沏好的茶，微微地呷了一口，继续讲道：

"不过，社会上各色人等，千奇百态，加上人们认识愚昧，致使巫术盛行。所以，我们在治病时，若遇到有以下6种情况之一者，那么，这位病人的病就治不好，你们也不必去勉强，此事应切记在心。"

"有哪6种呢？请先生明示。"子阳提问。

"第一种，'骄恣不论于理，不治'。这是指病人自恃权势，骄横无理，不听医嘱，恣意放纵，这怎么能治好病呢？"

这时，子豹举手提问："先生，过去给齐国的齐桓公治病，是否属于这第一种"？

"正是。"扁鹊肯定地点了点头。继续说：

"如果齐国国君能够懂得在自己的疾病尚未显现症状的时候，善意听从医生的劝解，并及时进行治疗，或许他现在还健在人世。可惜他太骄横主观，听不进医生的建议，这也是他咎由自取吧……"

"哈哈……"弟子们一阵嬉笑,觉得先生的举例,可谓丝丝入扣,恰到好处。

扁鹊向弟子们摆了摆手,示意安静,又接着讲:

"这第二种是——'轻身重财者,不治。'有的患者,过分看重钱财,见了名利忘记一切,不把自己的健康当回事,从而养痈为患,这类病人的疾病,也是治不好的。"

"先生,过去齐桓公就总觉得医生专门喜欢给身体健康的人治病,来显示自己,贪图功利,所以听不进医生的提醒,不肯就医,是否这个道理?"

"子仪说得很对。对于那些把名利看得比生命还要重要的人,也属于治不好的范畴。"

扁鹊对子仪的提问作了补充,又接着往下讲:

"第三种,是'衣食不能调适者,不治'。这就是说一个人平日不懂得保养自己的身体,经常寒暑不节，饥饱无度，生活上恣意妄为，随心所欲。这种人就是治好了他的病，也还会犯第二次、第三次。"

扁鹊看了看弟子，见他们正低头在竹简上作着记录，便喝了口水，轻轻地清了下嗓子，放慢了讲述的节奏。

"第四种，是'阴阳并，脏气不定，不治'。这里面有两种情况：一种是病人病程日久，其间屡经庸医误治，损伤了人体正气；另一种是新近得了急病，未请医生治疗，而是先让巫师一番祈祷，延误了治疗时机，加重病情，伤伐正气。两种情况皆使病人的五脏六腑处在极度损伤状态，从而使阴阳不能协调，气血不得运行，说明已病入膏肓，无法救治了。"

听到这里，只见子明和子越在交头接耳，窃窃私语。扁鹊见状，忙问：

"子明，为何在下私语？有不明白之处，可以提问。"

子明见先生在点自己的名，满脸通红不好意思地站起身来说：

"刚才子越问我，说他对第四种不治的内容和道理，没有弄明白。"

扁鹊听后笑了笑，说："哦！这也难怪，子越随我行医的时间最短。子阳，事后你再单独给子越讲一遍。"

"好的。"子阳应诺着。扁鹊随后又接着讲：

"第五种，指'形羸不能服药者，不治。'人已病入膏肓，身体虚弱得连承受药物治疗的气力都没有了，说明生命也即将终止了。"

讲完前5种，扁鹊加重了语气说：

"第六种情况尤其重要，那就是：'信巫不信医者，不治'。"

这时，扁鹊心情极为沉重，他说：

"巫术害人不浅啊！大家可能还记得吧，10多年前在齐国时，我和子阳为救那身患重病的小儿，却遭到患儿父亲的拒绝，偏信巫术，结果白白送了孩子的性命，可悲啊……"

扁鹊为排泄心中的郁闷，仰天长叹了一声：

"巫术是医学的天敌啊！它察言观色，逢场作戏，拿腔作势，装神弄鬼，专门欺骗那些愚昧无知的善男信女，害死了多少无辜生灵啊！弟子们应当铭记在心，万不可与此辈为伍。"

众弟子此时个个神情严肃地聆听着先生教诲，不住地点头表示牢记在心。扁鹊则继续讲道：

"病人若是犯了上述'六不治'其中之一者，只能说明这位病人性情有些偏执，或病情比较严重而已，但并不意味着医生因此就可以拒绝为他们诊治疾病。对于那些一味相信巫术的病人，也要耐心向他们作好劝导与解释。总之，'六不治'，即是我行医数十年所务必遵循的医疗准则，也是我临症经验与教训的总结。各位学生今后若一旦独立行医时，务请以此为座右铭，切莫玷污医学纯洁，神圣的殿堂，辜负我的期望。"

扁鹊详尽细致的阐述和语重心长的教诲，使在座弟子的内心皆思潮起伏。他们既对先生的'六不治'内涵倏然冰释，也对当前巫医混淆的局面思深忧远。但是，他们的共同的心愿，是学习继承扁鹊先生的精湛医术、高尚医德以及实事求是的医疗作风，为发扬光大中医学术，作出共同的努力。

# 入秦国专为儿医
# 遇妒忌暗遭身刺

秦国的国都，在现今的陕西省咸阳市，这块素以"八百里秦川"美誉的关中平原，山清水秀，土地肥沃，人们辛勤耕作，收成颇丰。不过，早在东周时期，秦国还属于政治、经济、文化等各方面比较落后的国家。

公元前361年，当时的秦国君王秦孝公励精图治，求贤若渴，他广纳天下名士，针对本国国情，集思广益，革故鼎新，于是便有了商鞅变法。

商鞅的两次变法，首先废除了各地区的领主制度，并将国内的小镇、乡村合并为大县，每县设一县令（县长），掌管全县的行政大事；其次是号召百姓开辟荒山闲地，承认各人所开土地所有权归己，国家只按所占土地面积征收一定的税赋；其三是发展生产力，规定每一家庭，儿子成年后必须分家独自谋生，这样既增强生产过程中的自主性，又可为国家开垦、利用更多的土地来发展生产，增强国力。商鞅所主张的一系列政治、经济改革，使秦国没用多少年，便在政治、经济、军事、文化方面，一举成为战国时期七国中最强大的国家，为以后的平定与统一，打下了坚实的基础。

由于秦国疆土北自陕北，南至巴蜀，东达河南灵宝一带，故地广而人稀。当时，国内既要发展生产，又要招募兵员轮番出战，人口来源明显不足。因此，秦国在悬赏招徕邻国农民入秦种地定居的同时，也大力发展本国的人口生育和生存率。无奈当时疾病肆虐，缺医少药，疾病感染者首当其冲的便是小儿，由于治疗不得法或不及时，夭折毙命者仍为数不少。因此，秦国人尤其重视小儿的生长与健康，扁鹊正是在这个时候，率弟子来到了秦国。

一向以治内科病著称的扁鹊，当了解到秦国的国情及当地百姓珍爱小儿的习俗后，就凭着自己扎实的中医学理论及丰富的临床经验，在自己诊室门前悬挂起"专治儿疾"的招幌，改作儿科医生了。

然而，要当好一名儿医又谈何容易。小儿科古称哑科，这是因为患儿大都年幼，一有病痛，不会诉说，只能以哭声、躁动来表示不舒服。因此作为儿科医生，不仅要懂得从小儿的哭声与神态中了解病情的大概，更要从脉象（即风、气、命三关及指纹的浮沉、色泽、部位变化）中掌握病症的进退、凶险与预后，比起给成人治疗，难度增加了数倍，所以古语有"宁治十大人，不治一小儿"之说。

扁鹊来到秦国的消息不胫而走，只见大街小巷，三五成群的百姓均纷纷议论这件事。这位说："听说从东边来了位善治疾病的神医，不管什么病，经他一治，都能治好。"那位则更神秘兮兮地讲："我听一位老者说，几年前他把已经死去半天的虢国太子给治活过来，嗨！那医术真是绝了。"就这样，百姓们沸沸扬扬、信口开河地渲染着扁鹊的医术医名，不几日，就传得全城皆家喻户晓了。于是便有了四处打听扁鹊住址，拖着患儿前来就医的人群。

然而，他们有所不知，由于小儿形气未充，脏腑娇嫩，故防病动能较弱，加上小儿不能自行调适寒温而容易得病。一旦患病，又因其生理特点而传变迅速。如医治及时，可迅速转危为安，否则就很快内侵脏腑，危及生命。扁鹊深知小儿的生理特点与病理转化，故在临床治疗上，往往运用自如，得心应手。

有一天傍晚，扁鹊诊治完最后一位患者，用过晚饭，便与子阳、子豹信步来到市井小巷，以舒展活动一下肢体。当经过一家住户门口时，忽听屋里传来妇人低微的哭泣声，哭声中时而还夹杂着呼唤孩子的乳名声，扁鹊侧耳细听确信无疑后，便让子阳前去叩门。开门的是一位30开外的中年男子，只见他那粗服乱头，行不胜衣的样子，一眼就知其为了生活而饱受着人间的风霜。

"屋内妇人为何啼哭？"扁鹊轻声询问。

那男子见门外站着3人，且穿着平常，慈眉善目，就长叹了一声说："不为别事，只因我那8岁的儿子病了两天，我自己找了点药给他服下，无奈至今仍不见好，心中焦急，故而哭泣。"说完，也用袖子抹了抹眼睛。

扁鹊见他如此不修边幅，遂又问：

"平日以何为生？"

"做点小买卖。"

"既然如此，为什么不请医生诊治？"扁鹊进一步质问。

那男子见扁鹊问到这里，眼含泪花，两手一摊地说：

"先生啊！您看看我们这贫穷人家，做点买卖亦仅仅是聊以度日，哪有钱去请医生啊！"说完就大声地哭了起来。

子阳、子豹见状忙上前劝慰那男子，扁鹊不禁触景生情，于是就宽慰他说：

"先莫难过，我等三人都是医生，快领我前去看看你那病中的儿子。"

那男子闻听扁鹊此言，其惊愕的眼神呆呆地望着扁鹊，以为遇到了神仙，他不等擦去满脸泪水，便跪地拜叩说：

"先生若能救得我儿性命，您就是我的再生父母啊！"

子阳扶起那男子，随即一起走进内室。

正在哭泣的民妇，见丈夫领人进门，便用手帕擦了擦红肿的双眼，欲弯身施礼，扁鹊立刻伸手示意免礼，便问那妇人：

"令郎从何时开始患病，都有哪些症状？"

"昨日上午，我儿便嚷肚子疼，随即就上茅坑，以后就疼得更凶，上得更勤，一日腹泻数十次，今日上午便中还带脓血，浑身发烫，中午以后便神志迷糊，昏睡不醒了。"

说着说着，就忍不住用手帕擦起眼泪来。

扁鹊听完诉说，就走近患儿眼前，见患儿面色青灰，牙关紧闭，高热躁动，四肢厥冷，切得脉象细而数，诊得舌质绛而红。心想：此儿病得不轻，若再不救治，肯定夭折无疑。于是便对夫妇俩说：

"令郎得的不是一般性腹泻，而是疫毒痢（即中毒性痢疾）。此病发作突然，来势凶猛，病变迅速，现在邪热已内闭脏腑，阳气有欲外脱之象。若再延误治疗，恐命难保也。"

夫妇俩一听，以为儿子性命无望，悲痛得号啕大哭起来。

"你们暂别难过，令郎虽然病重，但还有救治的希望，待我仔细诊来。"

随后，扁鹊依据患儿的临床表现及其脉象、舌苔，予以辨证施治，从清热解毒，熄风开窍着手，以黄连、黄柏、黄芩、大黄、连翘、秦皮、丹皮、钩藤等药组成的黄连解毒汤为主，辅以犀角、琥珀、珍珠、麝香一类开窍醒神，叮嘱子阳、子豹速去配药煎煮。

夫妇俩目睹扁鹊师徒为救自家的儿子在忙前忙后，心里十分感激，可又拿不出像样的东西来招待，只得双双跪地向扁鹊连连叩头。扁鹊见状，内心百感交集，赶紧弯腰扶起这对夫妇，说：

"不要行此大礼，我等立身于医林，为人治病从无贫富贵贱之分，救死扶伤乃是我的本分啊，快快请起吧。"说完，眼中也含满了极富同情与怜悯的泪花。

经过子阳、子豹全力的内外合治，一剂药服后，患儿身热渐退，肢体躁动也渐趋平静了。这时，扁鹊才略松一口气，叮嘱夫妇俩说：

"今日后半夜，给令郎服下第二剂药，明晨当神清而痫止，明日午后服下第三剂，则病当痊愈。"说完，似觉话犹未尽，又补充道：

"以后，务必让令郎注意饮食卫生，即饭前便后要洗一洗手。因为此病之因，皆系饮食不洁，从口而入所致。"

夫妇俩满含热泪，点头称是。临走前，扁鹊考虑到他们家境贫困，遂让子阳留下少许银钱，以便病愈后给患儿补养病体所用。夫妇俩感激涕零地将扁鹊等人送至门外，待扁鹊师徒回到住所时，已是午夜时分了。

3天后，扁鹊正在给人治病，只见一手提干鲜果品的男子急匆匆地跑进诊室，原来他就是那位不修边幅的患儿父亲，他是特地来向扁鹊报喜与道谢的。因为儿子病愈，故今天显得神采奕奕。他绘声绘色地讲述着扁鹊的高超医术和医风医德，使在场的候诊患者无不向扁鹊竖起大拇指。

又是一日上午，一对穿着绫罗绸缎，满身珠光宝气的富商夫妇，怀抱着一个3岁左右的男童，步入扁鹊诊室。别看这对夫妇长得人高马大、绰约多姿，可怀中孩子却是毛发枯槁，面色萎黄，形体消瘦，精神萎靡。如此鲜明的对比反差，引来了诸多就诊者的窃窃私语。

其中一位说："瞧这两口子，怎么把孩子养成这个样子？"另一位接着说："要我说，多半是给孩子饿的。"又一位插话说："错了，错了。我看这是给孩子吃得太多太好了，是食积造成的。"大家三言两语地议论着，有的说得还颇有些道理。

轮到富商的儿子诊治了，扁鹊尚未开口询

问，那妇人便滔滔不绝地说开了。

"先生啊！我儿近半年来，食欲不好，吃什么都不香，刚开始我以为饭菜太蔬，改做鸡鸭鱼肉，结果他连筷子都不想拿，整天叫嚷着要水喝。由于吃得太少，所以一天到晚蔫头耷脑的，没一点儿精神……"

扁鹊一边静静地听他主诉，一边点头，并未插话。那妇人继续说道：

"最近10多天，我突然发现孩子在独自一人时，经常趴在地上，抠一些墙皮、泥土往嘴里送，这怎么得了，他到底得的什么病？先生，我们中年才有这么个儿子，请您费心救救他吧。"说完，眼圈一阵潮红，眼泪吧嗒吧嗒地直往下掉，可见他们的内心是如何的焦虑了。

这时，扁鹊已给患儿进行完四诊，了解了病因病机，才慢慢对他们说道：

"不必忧虑，令郎得的不是什么大病，依我看来，是因饮食积滞日久导致的厌食、异食症罢了。"

夫妇俩从未听说过这种病名，于是又不解地问："何谓厌食、异食症，怎么得的呢？"

扁鹊捋了捋胡须，讲道："你们中年得子，可谓掌上明珠而倍加溺爱。殊不知孩子年幼，脾胃功能尚弱，即便家道富足，喂养上亦应精心调理才是。小儿脏腑娇嫩，且又不知饥饱，然你们却随其所欲，任其挑食偏食，如此日复一日，导致肠胃乳食壅积，停滞不化，后又感染虫症，何以不得厌食、异食症？"

夫妇俩见扁鹊分析得头头是道，条条是理，皆心悦诚服地不住点头。

扁鹊接着讲道："因胃有食热，故常欲饮水而仍不解渴；因脾胃运化失常而不思饮食，故形体消瘦；因肚内有虫而嗜食异物，所以精神不安。治病之法，应按两步进行。"

"哪两步呢？"夫妇俩不约而同地问。

"首先要攻去虫积，此谓治其标；其次调理

脾胃，此谓治其本。再辅以推拿按摩捏脊等外治法，如此不出一月，令郎病必痊愈。"

夫妇俩听罢扁鹊此言，立刻转忧为喜地说："既如此；我们悉听先生吩咐，若能治得小儿病愈，定当重金酬谢。"

扁鹊摆了摆手，阻断了他们的话语。他一边命子阳等人为小儿施以推拿捏脊疗法，自己则伏案处方，以使君子、芦荟、夜明砂、莪术、干蟾等药驱虫消积；以砂仁、木香、陈皮、黄连、川芎、青皮等药理气化滞。先后采用驱虫行滞、健脾消积等攻补兼施的治疗方法，使患儿的食癖杂病逐渐好转。

很快，扁鹊善治小儿危重及疑难病的名声在秦国传开了，人们奔走相告，使方圆数百里的百姓纷纷携儿带女，不辞辛劳地来都城寻找扁鹊诊治疾病，使得诊室门前犹如在赵国时那样，整天门庭若市，川流不息。

扁鹊目睹来都城找他求医问药的病人一天比

一天多，心想与其让百姓数百里赶来求诊，不如自己以后每日下乡巡诊，这样可以免去多少乡亲们的旅途劳顿与辛苦啊！

扁鹊善治儿疾的消息传入了秦王宫。一天，秦武王早朝，他对站在左右的文武百官说：

"诸位爱卿，我听说从齐国来了位名叫扁鹊的医生，现正在我国为各地小儿治病，据说只要经他治疗，重病可转危而安，小病则三日愈。其医术如此高明，对我们秦国来说也是人才难得啊！"

武王话语刚止，一位资深老臣即叩拜说："君王所言极是。这位名叫扁鹊的医术，在下以往略有耳闻，早年晋国君王赵简子病重，经他治愈；齐国齐桓公的病是他一眼看出，只因桓侯不肯接受他的治疗而驾崩（即死去）；虢国太子死而复生，均是扁鹊医生的神妙医术所为。"

武王微笑着点了点头，表示赞同。又一位文官启奏道：

"这位扁鹊医生,现今正为秦国百姓、小儿治病,从长远来看,这对发展秦国人口、增强秦国国力,大有益处啊!对这种才华出众、身怀绝技的人,我们应该倍加爱护才是。这样,才能吸引邻国谋士来秦国为君王效力啊!"

武王听后大喜过望地说:"爱卿所言极是。今后方便之时,要宣召扁鹊进吕,寡人要亲眼见见这位杏林高手。"

扁鹊的医学声望传入秦宫以后,引起了秦国太医院太医们的一阵恐慌。这批由国家豢养的,实际并未掌握多少医术,仅凭巫术蒙骗的太医们心里明白,如果秦武王赏识并任用了扁鹊,那今后就没有自己的高俸厚禄,弄不好还会招致杀身之祸。因此一个个在那里急得搓手顿脚,局促不安。于是,他们经常聚集在一起,商议着怎样来应付、躲避眼前的威胁。

这时,一个长着满脸横肉,年龄50开外,位在众太医之首,名叫李醯的太医令,将太医们召集到一处密室，别有用心地说：

"所我所知，扁鹊不仅精通望、闻、问、切四诊，又擅长内、外、妇、儿各科疾病治疗，而且还反对我们所奉行的巫术，其医术当在我等数人之上。如果任其在秦国行医，日后名声定会超过我们，这样秦王必然会留他在太医院效力。倘若出现这种局面，我想……今后对你我的结局将会怎样呢？"

众太医皆面面相觑，不知所措。李醯见太医们个个呆头呆脑地在注视着自己，遂奸笑一声继续说：

"我以为，与其我等每天提心吊胆地回避这件事，不如趁他脚跟未稳，就……"

"赶走他。"众太医不等李醯把话讲完，就迫不及待地表了态。

"不，不……"李醯摇了摇头，眨了眨狡黠的眼睛，脸色阴沉地说："赶走他，他还会再来。"

"那……又该怎么办呢？"众太医不解地问。

李醯嘿嘿一笑，不紧不慢地说："不如让他销声匿迹，永不再见。"

这时，一个须发皆白的老太医步履蹒跚地走到李醯面前，凑合到耳前小声说："这么说……您是准备把他给……"说着用手掌做了个"杀"的样子，李醯阴险地点了点头。

众太医见状，明白了其中的意思，纷纷叫嚷着："对！对！杀了他……""除掉他……"

"嘘……"李醯用手指竖在嘴边，"小声点。"然后又声色俱厉地对太医们说："此事谁要是泄露出去，休怪我对他和他的全家不客气。"

太医们深知李醯性情暴厉、心毒手狠，个个面如土色，默默不语地回家去了。

就这样，一个刺杀扁鹊的阴谋酝酿而成了。

有一天，秦武王晨起偶感身体不适，欲宣召

扁鹊进宫诊治。李醯得如此事，内心十分惊慌，赶忙进宫晋见，装着关心武王的样子，为其治病，并心怀鬼胎，信口雌黄地对武王说：

"君王的病，生在耳之前、目之下，如果让扁鹊来治，不一定能治好，弄不好，还会导致您耳变聋、眼变瞎的可能。依我看……还是让太医为您精心调治吧。"

秦武王见跟随自己多年的太医如此忠心耿耿，于是就放弃了欲请扁鹊进宫治病的念头。

李醯妒恨扁鹊由来已久，因为他深知自己的医术不如扁鹊，因此便日夜派人跟踪扁鹊的行踪，欲刺杀他，但又苦于找不到机会，为此整日寝食不安。心想：上回秦王召扁鹊治病之事好不容易搪塞过去，今后若再遇此事又该怎么办呢？不行，必须尽快下手，以除后患。

当天夜里，李醯派去的人匆匆忙忙地进来禀报："据探查，扁鹊明日将出城去临潼一带为百姓巡诊。"

"知道了，下去吧。"李醯不耐烦地挥了挥手，在屋里踱着步，心想：明日扁鹊去临潼，路上人烟稀少，是个极好的机会。他低头思考着刺杀的步骤与方案，好半天，突然拍了下桌子，面色狰狞，自言自语地说："就这么办。"

第二天清晨，扁鹊怀着治病救人的急迫心情，与子阳、子豹骑着毛驴匆匆上路，赶往临潼，因为那里的百姓正翘首企盼着扁鹊去解脱他们的病痛。一生两袖清风、淡泊名利的扁鹊医生，怎么会想到厄运正在悄悄地降临到他头上呢。

扁鹊为临潼百姓诊治完疾病，见天色已晚，便婉言谢绝众百姓的盛情款待，赶路返回。银白色的月光洒向广袤的田野，静谧的路上只能听到"踢嗒、踢嗒"的驴蹄声伴随在周围。当途经一片小树林时，忽见一持刀蒙面歹徒"呼"的一声，从路边的灌木丛中跳了出来，只见他大喝一声："呔！哪里走！"

扁鹊闻声心中不禁一愣：莫非遇上打家劫舍的狂徒不成？于是便下驴走上前，向那歹徒双手抱拳施礼道：

"这位兄弟，我等乃民间草医，今行医至此，身无银两，非行旅商贾，请放我等过去吧。"

"休得胡言，大爷我等的就是你。"歹徒又大吼一声，蹿到扁鹊身前，未等扁鹊回话，一把明晃晃，寒光袭人的匕首已刺入毫无防备的扁鹊的胸膛。扁鹊手捂胸口，怒目圆睁地瞪着歹徒，慢慢地倒了下去。

子阳、子豹见师傅被刺，赶快上前扶住扁鹊大声呼救，当他们再寻找那歹徒时，早已不见了踪影。可怜一代名医，就这样惨死在秦国贼医李醯的手里，时年65岁。

临潼百姓满含悲愤，将扁鹊遗体抬回村里，并集资置一棺木，含泪将扁鹊入殓，掩埋在临潼县东北的南陈村，坟周封土植树，以此纪念。

3天后，扁鹊的弟子子阳、子豹率子容、子明、子仪、子越、子游等师弟，跪拜在扁鹊墓前，他们立志继承老师的医术医德，做一个不为名利，治病救人的人民好医生。然后相互间洒泪道别，纷纷各奔东西，游历行医去了。

# 身虽逝医名远扬
# 载史册启迪后人

　　一代名医扁鹊虽然被秦国的贼医李醯杀害了,但是,扁鹊的医术医德以及他的医学思想、医疗准则却深深扎根在劳动人民心中,两千多年来,一直受到人们的怀念和敬仰。

　　扁鹊的一生,是为民服务的一生,他周游列国,体恤民情,关心民疾,不论贵贱,对祖国医学的发展，作出了重大贡献。

他总结了春秋以前我国劳动人民的医疗经验，通过自己数十年的临床实践，又发展、提高了前人的经验，为我国传统医学理论的形成，奠定了基础。尤其在诊断学的"脉诊"方面，创立了"寸口诊脉法"，用执简驭繁的方法，方便了医生诊病。所以，汉代司马迁在为他作传记时誉称："天下言脉者，由扁鹊也"。

在治疗学上，扁鹊精通内、妇、外、儿各科，为适应群众需要，治疗时又能随俗变通。治法上所掌握的针灸、汤药、按摩、导引、熨帖等医术，更使他力挽沉疴，手到病除，因此，遍受群众的尊敬与信赖。

在医德医风方面，他不论贫富，一视同仁，甚至还解囊相助，一心一意为患者服务，为古今的医务工作者树立了光辉的典范。

他注重实事求是的科学态度，不信迷信，其中的"信巫不信医者，不治"，就反映了他一生追求医学，讲求医疗实效的严谨科学态度。

　　由于秦越人（扁鹊）崇尚医学科学，注重疗效实绩，从不狂言惑众，邀功名利，况且始终身怀一颗济世救人，关心民疾的良苦用心，加上医术造诣与医德的精深高尚，因此，在他离去和被害之后，凡他行医经过的都市、乡邑，百姓们大多为他建庙置墓立碑，以示对这位人民医学家的怀念。根据文书记载，为秦越人（扁鹊）建庙立碑的在河北、河南、陕西计有5处。

　　如建在秦越人家乡的河北任丘鄚城的扁鹊庙，据清代编撰的《任立县志》载述："扁鹊祠，在古鄚城北，明代重修，殿宇宏丽，每岁四月庙会，诸货鳞集，祈福报赛者接踵摩肩，康熙戊午（1678）毁于火"。从这段文字可以看出，当时的每年4月，百姓们纷纷云集扁鹊庙，一边赶集做生意，一边为扁鹊神像供奉香火，祈求平安，场面煞是热闹。20世纪30年代，我国曾有医史研究学者去当地扁鹊医疗队实地考察，才知重修后的扁鹊庙，在1938年日寇侵占华北时毁于战火，现仅存残垣断壁与破碎石碑而已。

其次，据《畿辅通志》记载，河北省南宫县龙冈村也有一座扁鹊庙，庙旁还有一扁鹊村，但规模很小。据《南宫扁鹊庙记》上讲："扁鹊渤海鄚人，不常厥居"。看来该庙是当地百姓为怀念扁鹊而修建的，因年代久远，估计此庙现已不复存在。

河北省内丘县神头村也有一座规模颇为壮观的扁鹊庙，内丘县在战国时期归赵国所辖，看来是扁鹊当时行医到过的地方。相传该庙在汉、唐时期就已修建，关于这座庙的修建，当地百姓至今还流传这样一个小故事。说的是唐初大将尉迟敬德曾经奉圣命督建该庙，完工后，县官请敬德来验收，敬德庙前庙后走了一趟，甚感满意，不由得笑出声来。但传闻敬德平日神情严肃，不苟言笑，除非在下令杀人时。因此这一声笑吓坏了县官，第二天便自缢身亡。敬德本来还想奖赏他，不料让自己无意中的一笑而要了他的命，心中甚感怜惜，于是便令人在殿侧修盖一座小庙来纪念他，至今这间小庙还存在。这个故事因无确切史实依据，当然令人难以相信，不过却能说明当年这座扁鹊庙是如何的宏伟精致。

此外在河南省卢氏县西侧有座卢医庙（扁鹊庙），据《卢氏县志》载录，为东周时期扁鹊以医术闻名而建。至于为何称它为卢医庙，可能一方面随当地地名俗呼而来，另一原因也许是扁鹊在齐国行医时，人们曾称他为"卢医"的缘故吧。

除上述古代修建的扁鹊庙以外，政府重视，投资浩大，建筑宏伟的，当数现今陕西省临潼县东北30千米南陈村新建的扁鹊庙了。这里不仅新建了庙，而且还为扁鹊重置了墓，立了碑，碑上还镌刻了墓志铭，记述了秦越人（扁鹊）一生的生平事迹。

扁鹊当年自临潼被害后，临潼百姓出于对扁

鹊医生的仰慕，自发为扁鹊进行了安葬，然因村民贫穷，葬礼甚为简陋。两千多年来，该遗址历经风吹雨打、战火硝烟，虽经历代劳动人民的沿袭保护，但至新中国成立后，已仅存墓高5尺，旁植一树的土堆。它的重新修葺，浸透着陕西省著名老中医米伯让先生的一番心血，以及陕西省各级领导的关心与重视。

米老先生曾向政府上书说："根据《陕西通志》、《临潼县志》载，其（扁鹊）真墓在我省临潼县东北马额南村（即现今的南陈村）。数千年来，墓址一直为当地群众所保护。我于1961年亲往临潼调查，见墓侧尚有古柏一棵，其树之苍老，约为元、明时所种植……其墓高的五市尺，墓址占地一分许，惜墓前无碑碣传记，但在《陕西通志》、《临潼县志》中均有记述……"

维修临潼秦越人（扁鹊）墓之意义，不仅只是保存古迹，更重要的是表彰先哲，鼓励后人……树立为科学事业奋斗一生，作出重大贡献的科学家的光辉形象，以增强民族自尊心和爱国主义思想，是我们宣传部门当前之重要任务。诚望上级领导同志能重视督促；责成落实此事，早日维修完善，以供国内外医学团体参观、瞻仰、拜谒，从事纪念活动，并作文化交流。这不仅为我省之光荣，实为中华民族之光荣。"

经米老先生的多次考察，奔走呼吁，终于在条件比较困难的情况下，政府下文，征地拨款，重建修葺，并于1991年4月5日，时值清明而常行封墓揭碑的悼念仪式，成为三秦人民及国内外旅游者凭吊、拜谒、瞻仰中国古代医学家的古迹胜地之一。

关于为扁鹊所建的墓冢，据史书记载及有关专家学者考证，散见于全国各地的约有10处，我们不妨从秦越人（扁鹊）的游历行医路线给予一一叙述。

首先是秦越人的家乡河北省任丘县鄚州镇，据《大清一统志》记述："扁鹊墓在任丘县废鄚州城东北三里"。秦越人自年轻时离开家乡，数十年后遇刺于秦国，两地相距遥远，死后遗体是否归葬家乡，在当时的条件下，实在难以做到，估计系后人随庙建墓以示纪念而已。

其次在山东省境内的卢城、鹊山、朝城县各有一座扁鹊墓遗址。卢城即现今的长清县，扁鹊到齐国后曾在那里行医，并去鹊山讲学，后又离齐西去，途经朝城。事后，当地百姓因怀念这位民间医生而设墓供奉。

史载扁鹊墓遗址较多的当属河南省，据《汤阴县志》记述："扁鹊墓在伏道社"。伏道这个地方在现今的河南省汤阴县境内。

相传在公元1152年（宋代绍兴二十二年），有一位名叫范成大的行旅商人途经伏道村时，见扁鹊墓上插一苇幡，当地百姓纷纷传说，墓冢四周的土可以入药，如果能从土中扒到黑褐色的小泥丸，这就是神药，服下即可祛百病。

事隔13年后1165年，范成大又一次路经伏道村，车行22.5千米就远远望见扁鹊墓四周长满了艾叶，传说该艾叶的治病功效大于其他地方所长之艾叶。因此，后来发展到凡伏道艾叶在当时价格尤其昂贵。

从这个传说性的故事中可以看出，人民群众对扁鹊医术的崇信，已经带有神秘的迷信色彩了。

在河南其他地方残存有扁鹊墓遗址的，有汤阴县、开封、镇平、商都等处。

其他如山西虞乡、陕西的临潼、咸阳等地均有扁墓遗址的记载。

需要说明的是，各地所建的10余座扁鹊墓，并非是扁鹊遗体真正的归葬之处，而是因扁鹊医名远扬，百姓感恩其医术医德纪念他而已。真正的扁鹊墓究竟在哪里？是否在临潼？就应该由专家学者们再去进一步考证研究了。

相传秦越人（扁鹊）遗留下来的医学著作很多。根据历代史志书目记载，有《扁鹊内经》

9卷、《扁鹊外经》12卷、《扁鹊镜经》1卷、《扁鹊陷水丸方》1卷、《扁鹊肘后方》1卷、《扁鹊偃侧针灸图》3卷、《黄帝八十一难经》1卷、《扁鹊脉经》1卷等近20部医学专著。但上述医著，据专家学者考证，不仅不是扁鹊所撰写，而是除《黄帝八十一难经》以外，其他医书都早已散佚失传了。这对我国医学史研究者来说，的确是一大遗憾。后人之所以要将书名冠于"扁鹊"两字，或托名于秦越人撰述，是因为扁鹊医术精湛，医名远扬，以此则可以表示此书医理之深奥，价值之昂贵而已。这种托他人之名而成书的方法，在我国古代书籍印刷出版业方面比较多见。

前面说到的《黄帝八十一难经》，亦非扁鹊亲手所写，实在是后人托名之作。但书中以问答形式，解释脉诊、经络、脏腑、阴阳、病症、营卫、腧穴、针刺等基础理论，与扁鹊的医疗学术思想颇为类似。因此，后世医家大多认为《黄帝八十一难经》就是秦越人（扁鹊）的代表著作。

秦越人（扁鹊）遇害后200余年，西汉的司马迁在编撰《史记》时，为扁鹊立了传记。传记中总结了秦越人一生的医学成就及其高超的医疗技术。时至东汉末年（205），我国医圣张仲景也时常慨叹秦越人的医学才华，并吸取继承发展了战国、先秦时期的医疗经验，编撰成《伤寒杂病论》医学巨著。

秦越人先后收授的几位弟子，自他遇害后，均各自独立行医而不知下落。相传其中一位叫子仪的弟子，后来曾著有《子仪本草经》一书，可惜原书亦已散佚。

总之，秦越人（扁鹊）是我国历史上一位承先启后、继往开来的著名医学家，他总结了春秋以前我国劳动人民的医疗经验，通过深入民间，关心民疾，及其数十年的医疗实践，发明了认识疾病由皮肤、血脉、肠胃至骨髓的浅深层次，在诊断上于望、闻、问诊之处，首先重视通过切脉以知其病的方法，对于我国古代诊断医学有极大推进。他精通内、外、妇、儿各科，携带弟子周游各地，以医为业，既是我国自由职业、走方郎中之祖，同时也是总结战国以前医学经验的第一人。秦越人（扁鹊）为祖国医学发展所作的贡献是功不可没的。

# 世界五千年科技故事丛书

01. 科学精神光照千秋：古希腊科学家的故事
02. 中国领先世界的科技成就
03. 两刃利剑：原子能研究的故事
04. 蓝天、碧水、绿地：地球环保的故事
05. 遨游太空：人类探索太空的故事
06. 现代理论物理大师：尼尔斯·玻尔的故事
07. 中国数学史上最光辉的篇章：李冶、秦九韶、杨辉、朱世杰的故事
08. 中国近代民族化学工业的拓荒者：侯德榜的故事
09. 中国的狄德罗：宋应星的故事
10. 真理在烈火中闪光：布鲁诺的故事
11. 圆周率计算接力赛：祖冲之的故事
12. 宇宙的中心在哪里：托勒密与哥白尼的故事
13. 陨落的科学巨星：钱三强的故事
14. 魂系中华赤子心：钱学森的故事
15. 硝烟弥漫的诗情：诺贝尔的故事
16. 现代科学的最高奖赏：诺贝尔奖的故事
17. 席卷全球的世纪波：计算机研究发展的故事
18. 科学的迷雾：外星人与飞碟的故事
19. 中国桥魂：茅以升的故事
20. 中国铁路之父：詹天佑的故事
21. 智慧之光：中国古代四大发明的故事
22. 近代地学及奠基人：莱伊尔的故事
23. 中国近代地质学的奠基人：翁文灏和丁文江的故事
24. 地质之光：李四光的故事
25. 环球航行第一人：麦哲伦的故事
26. 洲际航行第一人：郑和的故事
27. 魂系祖国好河山：徐霞客的故事
28. 鼠疫斗士：伍连德的故事
29. 大胆革新的元代医学家：朱丹溪的故事
30. 博采众长自成一家：叶天士的故事
31. 中国博物学的无冕之王：李时珍的故事
32. 华夏神医：扁鹊的故事
33. 中华医圣：张仲景的故事
34. 圣手能医：华佗的故事
35. 原子弹之父：罗伯特·奥本海默
36. 奔向极地：南北极考察的故事
37. 分子构造的世界：高分子发现的故事
38. 点燃化学革命之火：氧气发现的故事
39. 窥视宇宙万物的奥秘：望远镜、显微镜的故事
40. 征程万里百折不挠：玄奘的故事
41. 彗星揭秘第一人：哈雷的故事
42. 海陆空的飞跃：火车、轮船、汽车、飞机发明的故事
43. 过渡时代的奇人：徐寿的故事

# 世界五千年科技故事丛书

44. 果蝇身上的奥秘：摩尔根的故事
45. 诺贝尔奖坛上的华裔科学家：杨振宁与李政道的故事
46. 氢弹之父——贝采里乌斯
47. 生命，如夏花之绚烂：奥斯特瓦尔德的故事
48. 铃声与狗的进食实验：巴甫洛夫的故事
49. 镭的母亲：居里夫人的故事
50. 科学史上的惨痛教训：瓦维洛夫的故事
51. 门铃又响了：无线电发明的故事
52. 现代中国科学事业的拓荒者：卢嘉锡的故事
53. 天涯海角一点通：电报和电话发明的故事
54. 独领风骚数十年：李比希的故事
55. 东西方文化的产儿：汤川秀树的故事
56. 大自然的改造者：米秋林的故事
57. 东方魔稻：袁隆平的故事
58. 中国近代气象学的奠基人：竺可桢的故事
59. 在沙漠上结出的果实：法布尔的故事
60. 宰相科学家：徐光启的故事
61. 疫影擒魔：科赫的故事
62. 遗传学之父：孟德尔的故事
63. 一贫如洗的科学家：拉马克的故事
64. 血液循环的发现者：哈维的故事
65. 揭开传染病神秘面纱的人：巴斯德的故事
66. 制服怒水泽千秋：李冰的故事
67. 星云学说的主人：康德和拉普拉斯的故事
68. 星辉月映探苍穹：第谷和开普勒的故事
69. 实验科学的奠基人：伽利略的故事
70. 世界发明之王：爱迪生的故事
71. 生物学革命大师：达尔文的故事
72. 禹迹茫茫：中国历代治水的故事
73. 数学发展的世纪之桥：希尔伯特的故事
74. 他架起代数与几何的桥梁：笛卡尔的故事
75. 梦溪园中的科学老人：沈括的故事
76. 窥天地之奥：张衡的故事
77. 控制论之父：诺伯特·维纳的故事
78. 开风气之先的科学大师：莱布尼茨的故事
79. 近代科学的奠基人：罗伯特·波义尔的故事
80. 走进化学的迷宫：门捷列夫的故事
81. 学究天人：郭守敬的故事
82. 攫雷电于九天：富兰克林的故事
83. 华罗庚的故事
84. 独得六项世界第一的科学家：苏颂的故事
85. 传播中国古代科学文明的使者：李约瑟的故事
86. 阿波罗计划：人类探索月球的故事
87. 一位身披袈裟的科学家：僧一行的故事